Meine 6 Turbos für Immobilieninvestments

- Wie ich 25 Wohnungen in 2 Jahren kaufen konnte und du das nachmachen kannst -

25 Wohnungen in 2 Jahren, das hört sich ganz schon viel an. Für die einen mag das sehr stressig sein, für die anderen sehr erfolgreich. Das hängt natürlich sehr stark von der Immobilienstrategie und den eingebundenen Dienstleistern an. Dabei gibt es bei Immobilieninvestments eine riesige Fülle an Möglichkeiten, Strategien, Prozessen und Variablen.

Für die einen sind Immobilien ausschliesslich zum Wohnen da, für die anderen stellen Immobilien eine gute Möglichkeit zum Investieren und zum Aufbauen von Vermögen dar. In der zweiten Kategorie bin ich zu finden. Ich verfahre nach der Strategie „buy & hold“.

Ich beschäftige mich seit Dezember 2015 mit Immobilien als Kapitalanlage und Investment – seitdem habe ich 25 Wohneinheiten in Leipzig und Umgebung gekauft.

Diese 25 Wohneinheiten unterteilen sich in 19 Eigentumswohnungen und in ein Mehrfamilienhaus mit sechs Parteien. Das Mehrfamilienhaus habe ich im Dezember 2017 gekauft und somit sind seit Beginn meiner Immobilienkarriere lediglich 2 Jahre verstrichen.

Mir kommt es vor, als wäre mein erster Kauf gestern gewesen und die Zeit vergeht sehr schnell. Das liegt daran, dass man Immobilieninvestments sehr gut nebenberuflich machen kann und dadurch viel Ablenkung hat.

Nun kann man sich fragen:

- *Wie macht er das?*
- *Woher hat er das ganze Wissen?*
- *Wie hat er* so schnell so viele *Objekte gefunden?*
- *Wie hat er* so schnell so viele *Objekte bei der Bank finanziert bekommen?*
- *Wie konnte er* so schnell so viel *Eigenkapital für den Kauf der Immobilien aufbringen?*
- *Wie managt er die ganzen Wohnungen neben seinem normalen Angestelltenjob?*

Das gute vorweg: All diese Fragen und viele weitere werde ich in diesem Buch beantworten. Ich werde dir einen Einblick in meine Immobilienstrategie geben und dabei alle Zahlen offen legen. Denn eines ist mir dabei sehr wichtig:

Transparenz und Nachvollziehbarkeit.

Wenn ich mir Bücher oder Youtube-Videos zu Immobilien von anderen Investoren anschaue, vermisse ich oft die harten Fakten und Zahlen. Es wird leider sehr oft viel wischi-waschi geschrieben. Natürlich aus dem Grund, um möglichst allgemeingültig zu bleiben.

Für mich verliert man dadurch etwas an Glaubwürdigkeit. Daher schreibe ich immer meine konkreten Zahlen und zeige mein komplettes Immobilienportfolio. Es gibt nichts zu verstecken.

Beispielsweise zeige ich, wieviel meine Wohnungen kosten, welche Einnahmen ich habe und was am Ende übrig bleibt. Es soll transparent gezeigt werden, wie meine Immobilienstrategie funktioniert und was heutzutage dank dem Internet alles möglich ist.

Ich möchte, dass du meine Strategie inklusive meiner Entwicklung nachvollziehen kannst und komplett verstehst. Nämlich nur dann kannst du das eins zu eins nachmachen und dir selber in kurzer Zeit ein Immobilienportfolio von 25, 50 oder mehr Wohnungen aufbauen.

In den nächsten Kapiteln werde ich dir zeigen, wie ich mir das Wissen für die Immobilieninvestments aufgebaut habe, welche Überlegungen hinter meine Immobilienstrategie steckt, wie ich gute Renditeobjekte gefunden habe, wie ich meine finanzierenden Banken akquiriert habe, wie mein Risikomanagement aussieht und wie ich alles bequem zuhause vom Schreibtisch erledigen kann. Denn ich wohne 500 km von meinen Immobilien entfernt und verwalte alles aus der Ferne.

Ich wünsche dir viel Spaß beim Lesen, hoffentlich viele neue Erkenntnisse und genug Motivation, um selber mit dem Investieren zu starten oder das Portfolio auszubauen.

Inhaltsverzeichnis

Meine Motivation – Die finanzielle Freiheit

Jeder Immobilieninvestor stand am Anfang seines Immobilienvorhabens vor der Frage nach dem Warum. Niemand steht morgens auf und kauft grundlos eine Wohnung. Jeder braucht einen Grund und die passende Motivation dazu.

Genauso ging es mir auch.

Den exakten Zeitpunkt weiß ich nicht mehr, aber es war irgendwann im Dezember 2015. Ich verdiente bis dahin gutes Geld in der Schweiz, etwas über 6.000 CHF netto, und gab aber alles für meinen Lebensstil aus (rund 2.000 für eine Wohnung, 1.500 für das Auto, 500 für Essen, 500 für Partys und so weiter). Im Endeffekt blieb nicht viel übrig. Das war aber nicht schlimm, ich lebte YOLO („you only live once“) und war recht zufrieden.

Diesen hohen Lebensstandard konnte ich mir aber nur auf Grund meines guten Einkommens in der Schweiz leisten. Die Schweiz ist das finanzielle Paradies – hohe Löhne, wenig Steuern.

Allerdings ist das teuer erkauft. In der Schweiz sind das soziale Leben, der Aufbau von Freundeskreis und das Pflegen von alten Freundschaften sehr, sehr schwierig. Das liegt zum einen an der Entfernung zu meiner alten Braunschweiger Heimat und zum anderen an der Unbeliebtheit der Deutschen in der Schweiz.

Ich habe manchmal das Gefühl, die Deutschen sind für die Schweizer sowas wie die Polen für die Deutschen. Da schwingen viele Vorurteile und Ängste mit. Es ist halt eine andere Kultur, nur die gleiche Sprache haben, reicht eben nicht aus.

Demnach hatte ich einen hohen Lebensstandard, wurde in der Schweiz aber nie so richtig warm. Daher wusste ich nach einer Weile, dass ich dort nicht ewig leben werde. Allerdings kam das Leben woanders ohne eine finanzielle Absicherung auch nicht in Frage.

Es bringt mir schliesslich nichts, zu meinem Freundeskreis nach Braunschweig zurückzukehren, wenn ich dann wieder nur 2.000 € netto verdiene. Vor allem, wenn man mal erlebt hat, wie einfach man viel höhere Löhne verdienen kann. Also habe ich mich auf die Suche nach dem Königsweg gemacht.

Grob könnte man die daraus entstandene Idee wie folgt beschrieben: Viel verdienen mit etwas, was Spaß bringt. Zeitgleich viele Freiheiten haben und unabhängig sein. Also habe ich mich mit Immobilieninvestments beschäftigt, viel Wissen angeeignet und mir einen Plan aufgestellt.

Mein ursprünglicher Plan war, 50 Wohnungen in 10 Jahren zu kaufen und dadurch ein ortsunabhängiges Einkommen zu erwirtschaften. Ein Jahr später habe ich das Ziel verfeinern können. Nun möchte ich Privatier mit 38 sein. Die detaillierte Beschreibung dieses Plans und die Strategie zur Umsetzung folgen im nächsten Kapitel.

Wenn man hart für seine Ziele arbeitet, um sich seinen Traum zu erfüllen, dann braucht man große Motivation und einen „Purpose". Also einen Grund warum man das macht. Der Grund "finanzielle Freiheit" reicht dabei nicht aus! Der Begriff ist ziemlich abstrakt. Man braucht etwas Greifbares. Also etwas, was man mit der finanziellen Freiheit macht.

Als Studienabgänger hatte ich den großen Traum, mit 30 einen Porsche zu fahren. Dabei ist nicht die Motivation, die 100.000 € für das Auto zu haben, sondern das Fahren des Autos an sich.

Man stellt sich nicht die Geldscheine vor, sondern man stellt sich vor, im Auto zu sitzen, dem Motorsound zuzuhören und mit 250 über die Autobahn zu fahren. Wir brauchen als Motivation etwas Greifbares und nicht etwas Abstraktes. Pünktlich mit 30 konnte ich mir diesen Traum erfüllen.

Daher ist das Abstrakte „finanzielle Freiheit" nicht das eigentliche Ziel, sondern viel mehr das Leben, welches man mit der finanziellen Freiheit haben kann. Darum denke ich viel über die Zukunft nach.

Was mache ich mit meiner finanziellen Freiheit? Wie sieht mein Leben dann aus? Was ist dann besser als jetzt? Was ist vielleicht schlechter? Welche Möglichkeiten habe ich?

Wenn ich also mein Ziel erreicht habe und von den Immobilien gut leben kann, dann kann ich überlegen, welches Lebensmodell in der Zukunft das Richtige für mich ist. Ich kann mich um meine Selbstverwirklichung kümmern.

Eines weiß ich aber schon jetzt: Ich werde nicht in der Schweiz wohnen bleiben und auf kalte Berge starren (ein gutes Zitat von einem Kollegen beim Züricher Immobilienstammtisch).

Ich möchte wieder am sozialen Leben teilnehmen, eventuell näher zu meinen alten Freunden ziehen oder sogar eine Familie mit Kindern haben. Außerdem möchte ich weiterhin viel reisen. Momentan fliege ich zweimal im Jahr nach Südamerika.

Die Länder dort drüben, die Kultur, die Menschen, das Klima und das Lebensgefühl gefallen mir sehr gut. Es bereichert unglaublich mein eigenes Leben und liefert mir viel Energie. Das möchte ich auch in Zukunft haben.

Dadurch habe ich vier Szenarien entwickelt, die ich mir für meine Zukunft vorstellen kann. Diese Szenarien sind ein Ausblick auf das spätere Leben und motivieren mich ungemein. Sie geben mir Kraft und helfen mir, meine tägliche Arbeit durchzuziehen und meine Immobilienstrategie konsequent weiter zu fahren.

In der ersten Option würde ich nach Südamerika ziehen.

Diese Option klingt sehr verlockend. Da ich sowieso sehr gern reise und die südamerikanische Kultur liebe, könnte ich mir ein Leben dort vorstellen. Die Latinos und Latinas sind sehr lebensfroh und sozial eingestellt. Man findet täglich neue Freunde, kann viel erleben und es wird nie langweilig.

Ausserdem ist das Leben dort drüben viel günstiger als hier. Man profitiert sehr stark von der „Geo-Arbitrage", also woanders viel Geld verdienen, beispielsweise durch Immobilien, und dann in einem günstigen Land leben.

Sicherlich gibt es große Unterschiede je nach Land, aber nach Übersee auswandern ist sehr attraktiv für mich. Meine Freundin kommt aus Costa Rica und dort soll es unglaublich schön sein. Somit hätte ich sogar schon einen Anknüpfungspunkt und müsste nicht bei null anfangen.

Allerdings gibt es auch Nachteile: Die Entfernung zu Deutschland ist sehr groß und das Thema Sicherheit ist nicht zu vernachlässigen.

Die zweite Option wäre, auf eine spanische Insel wie beispielsweise Gran Canaria zu ziehen.

Ähnlich wie das Auswandern nach Südamerika ist das Auswandern nach Spanien. Es hat den Vorteil, dass es näher an Europa dran und weit sicherer ist. Man genießt viele Vorteile von Europa und das Klima auf den südlichen spanischen Inseln ist immer sehr angenehm. Flüge nach Deutschland sind relativ günstig und man kann sich noch besser um seine Immobilien kümmern. Man ist in der Summe flexibler.

Die dritte Option wäre, nach Leipzig zu ziehen und drei von vier Wochen Urlaub zu machen.

Wenn ich nach Leipzig ziehe, bin ich direkt an meinen Immobilien und habe die maximale Kontrolle – auch was neue Investments, die Pflege des Bestands und des Netzwerks angeht. Dazu könnte man jeden Monat drei von vier Wochen irgendwohin in den Urlaub fliegen. Also eine Woche locker arbeiten (seine Immobilien pflegen) und den Rest des Monats Urlaub machen.

Dann könnte man jedes Mal woanders Urlaub machen und viel von der Welt sehen. Man hat weiterhin seinen Wohnsitz in Deutschland und somit ist die Bürokratie, der Papierkram und die Steuererklärung leichter. Dafür ist der Aufbau eines „social circles“ schwerer, da man immer an neuen Orten unterwegs ist und keine richtige Heimat hat.

Als letzte Option könnte ich wieder nach Braunschweig ziehen und das Urlaubsmodell von oben leben.

Mit dieser Option kann ich einige Vorteile aus der dritten Option nutzen. Die bessere Kontrolle meiner Immobilien und leichtere Bürokratie. Außerdem habe ich lange an diesen Orten gelebt und somit einen „social circle“. Allerdings ist dort die Infrastruktur etwas bescheiden, da Braunschweig keinen Flughafen für tolle Urlaubsreisen hat und ich für die aktive Immobilienpflege pendeln muss.

Egal, wie ich mich entscheide, alle Optionen haben Vor- und Nachteile. Ich denke viel darüber nach. Allein das Nachdenken darüber gibt mir gute Laune und Motivation für den Alltag. Diesen Alltag darf man nämlich nicht vergessen.

Auch wenn man große Träume und langfristige Ziele hat, darf man nicht vergessen, „im Jetzt“ zu leben. Viele Sachen sind später nicht mehr möglich oder machen später wenig Spaß. Außerdem braucht man immer wieder kleinere Motivationsspitzen für den Alltag. Daher bringt es nichts, fünf Jahre wie ein Asket zu leben, der alles spart, sich nichts gönnt und auf dem Existenzminimum lebt.

Es bedarf immer einen goldenen Mittelweg, die Extreme hält man nie sehr lang aus.

Klar ist es wichtig, die Extreme kennen zu lernen, zum Beispiel Alles investieren vs. Alles konsumieren, aber langfristig glücklich macht das nicht. Viele Finanzgurus predigen, ein „Spaß-Budget“ in die eigene Kalkulation einzubauen.

Das sehe ich genauso. Von allen meinen Überschüssen im Monat investiere ich die Hälfte in neue Assets und konsumiere die andere Hälfte. So schaffe ich es, relativ glücklich zu sein und trotzdem jeden Tag meinen Zielen näher zu kommen.

Zusammenfassend kann ich sagen, dass ich langfristige Ziele und kurzfristige Belohnungen für meine Immobilienstrategie benötige. Nur dann kann ich diszipliniert arbeiten und meinen Träumen näherkommen.

Daher solltest du dir überlegen, was deine Träume und Ziele für die Zukunft sind, denn diese geben dir

Motivation und inspirieren dich, selbst wenn es zwischendurch mal etwas schlechter läuft.

Wie man sich gute Ziele setzt und seinen Purpose (Sinn des Lebens) findet, kannst du in vielen anderen Büchern nachlesen. Das Buch „Reicher als die Geissens“ von Alexander Fischer gibt dir einen guten Start dafür.

Mein Ziel - Privatier mit 38 und nicht mehr arbeiten müssen

Wie im Kapital der Motivation beschrieben, ist mein mittelfristiges Ziel, mit 38 Privatier zu sein.

Platt gesagt, ist der Privatier eine Person, die die finanzielle Sicherheit in ihrem Leben erreicht hat. Die Person muss für die Deckung der Lebenshaltungskosten nicht mehr arbeiten. Dabei liegt die Betonung auf „muss“ und nicht auf „nicht mehr arbeiten“.

Diese finanzielle Sicherheit hängt stark von der Höhe der Lebenshaltungskosten ab.

Jemand, der 2.000 € pro Monat zum Leben braucht, kann eventuell früher Privatier werden, als jemand, der 10.000 € pro Monat braucht.

Außerdem spielt es eine Rolle, ob man nur für sich selbst oder eine Familie sorgen muss. Wichtig sind also die Höhe des monatlichen Einkommens und die Höhe der monatlichen Kosten.

Wenn diese beiden Posten sich konstant und nachhaltig decken, dann ist man ein Privatier. Dabei zählen Steuern natürlich auch zu den Kosten.

Der Privatier bestreitet seine Kosten mit passiven Einkommen. Das ist nicht zu verwechseln mit finanzieller Freiheit, bei der man neben der Deckung der Fixkosten auch alle anderen Kosten decken kann. Also auch die Erfüllung der eigenen Wünsche wie beispielsweise Reisen, Luxusgüter, weitere Assets und so weiter.

Der Privatier muss für sein (Über)-Leben nicht mehr aktiv arbeiten.

Wenn ich mir nicht jeden Tag Gedanken um den Job machen muss und ob ich gekündigt werde, dann kann ich sehr viel ruhiger schlafen.

Außerdem finde ich es sehr schön, wenn ich jeden Tag entscheiden kann, ob ich ausschlafe und wie ich meinen Tag gestalte. Ich kann mir überlegen, ob ich den Tag faulenze, mich weiterbilde, mich mit Freunden verabrede, mich um meine Familie kümmere oder an einem neuen Projekt arbeite. Und das motiviert ungemein.

Als Privatier ist man daher keineswegs eine faule Sau. Man hat einfach die Zeit und die Freiheit, seine eigenen Projekte voranzubringen. Weil dann macht man nur noch Sachen, die Spaß machen und Sinn stiften. Man muss sich also nur die Frage stellen „Was mache ich, wenn ich Privatier bin“?

Ich selber spiele mit dem Gedanken, mich mehr um mein Hobby des Tanzens zu kümmern, vielleicht sogar eine Tanzschule zu gründen. Das kann ich nicht, wenn ich meinen normalen Angestelltenjob habe. Dann habe ich weder die Zeit noch die Motivation. Außerdem hätte ich immer den Druck, dass ich damit Geld zum Überleben verdienen müsste.

Nun stellst du dir sicher die Frage, „Wieviel Geld braucht man zum Leben und ab wann kann man Privatier sein?“

Das ist ähnlich zur Frage „ab wann man als reich gilt“. Denn dieses „reich sein“ setzen viele Menschen mit einem tollen Leben gleich.

Als reich kann man definieren, wenn man von seinem Vermögen oder seinem passiven Einkommen leben kann. Also ist viel eher die Frage, wie viel Geld man zum Leben braucht und wie hoch das Vermögen sein muss.

Die Höhe des Vermögens hängt stark davon ab, wie viel passives Einkommen du im Monat haben willst und aus welchen Quellen du dein Einkommen ziehst. Wenn du dein Einkommen aus Dividenden am Aktienmarkt ziehst, dann spricht man oft von der 4%-Regel.

Das liegt daran, dass du erst dein Einkommen aufs Jahr hochrechnen, dann die Steuerabgaben draufschlagen und dann mit der durchschnittlichen Rendite deiner Aktien multiplizieren (beim DAX beispielsweise 7 %) musst.

Hier die Schritte im Detail:

- Nimm dein monatliches Einkommen, welches du gern hättest. Beispielsweise 3.500 €
- Rechne diesen Wert auf das Jahr hoch, also mal Zwölf. Beispielsweise 3.500 x 12 = 42.000 €
- Das Ganze musst du durch 0.75 teilen, da du 25 % Steuern auf Kapitalgewinne zahlst. Beispielsweise: 42.000 € / 0.75 = 56.000 €.
- Diese Summe musst du durch die zu erwartende Rendite teilen. Beispiel: 48.000 € / 0.07 = 800.000 €

Du musst also ein Vermögen von 800.000 € am Aktienmarkt mit einer Rendite von 7 % investiert haben, um daraus ein Einkommen von 3.500 € monatlich zu haben. Dabei kannst du dir die Dividenden direkt auszahlen lassen oder die Kursgewinne abschöpfen.

Diese 800.000 € scheinen auf den ersten Blick gar nicht zu viel, wenn man die richtige Sparquote hat und danach den Rest des Lebens davon leben kann. Nagelt mich nicht auf die 7 % Rendite vom DAX fest, bei Aktien kenne ich mich nicht so gut aus. Es soll als Beispiel dienen. Ich denke aber, mit dieser Rechnung kann man gut von den Zinsen beziehungsweise von Dividenden leben.

Wenn du das Ganze mit Immobilien machen willst, musst du ebenfalls rückwärts rechnen. Der Einfachheit halber gehen wir von einem abgezahlten Immobilienportfolio aus. Wir rechnen mit einer Mietrendite von 7 %, Bewirtschaftungskosten von 25 %, Instandhaltungsrücklage 10 %, Mietausfallrücklage 10 % und einen gewünschten Cashflow von 3.500 € pro Monat.

Berechnung des Immobilienportfolios für passives Einkommen:

- Man nehme die 3.500 € und multipliziere sie mit zwölf. Das ergibt 42.000 €
- Man nehme die 42.000 € und rechne die 20% für Instandhaltungsrücklage und Mietausfall mit drauf. Das ergibt 42.000 € / 0.8 = 52.500 €
- Danach rechnet man den individuellen Steuersatz mit drauf. Der liegt hier bei ungefähr 33%. Also 52.500 € / 0.67 = 78.358 €. Das sind aufgerundet 78.500 €
- Der eigene Steuersatz ist progressiv und daher schwieriger zu berechnen. Als Hilfe kann man den Steuersatz mit einer Umkehrrechnung auf der Seite des BMF berechnen.
- Man rechne auf diesen Wert die Bewirtschaftungskosten von 25% oben drauf. Also 78.500 € / 0.75 = 104.666 €. Das sind aufgerundet 105.000 €.

- Man teilt diesen Wert durch die Mietrendite von 7%. 105.000 € / 0.07 = 1.500.000 €.

Zusammengefasst: Man braucht ein abgezahltes Immobilienvermögen von 1,5 Millionen, um einen monatlichen Cashflow von 3.500 € zu haben. Das mag auf den ersten Blick viel höher klingen als die 800.000 € für die Aktien. Das trügt aber.

Wir dürfen nicht vergessen, dass wir bei den Immobilien über Kredite fremdfinanzieren und uns die Mieter die Immobilie abbezahlen.

Bei durchgängigen 100%-Finanzierungen müssen wir nur die Kaufnebenkosten zahlen. Da können wir als Durchschnittswert 10% für die Kaufnebenkosten nehmen. Also müssen wir nicht die 1,5 Millionen ansparen, sondern nur 150.000 € und dann die 30 Jahre abwarten, bis die Immobilie abbezahlt ist.

Da man die 150.000 € fünf Mal so schnell angespart hat wie die 800.000 € für die Aktien, kann man zwischendurch noch sondertilgen und die Zeit zur abgezahlten Immobilie verkürzen.

Als Fazit: Mit Immobilien wird man viel schneller finanziell frei als mit Aktien. Dafür hat man aber auch mehr Aufwand in der Akquise und der Pflege der Immobilien. Auf jeden Fall muss man einen Finanzplan und einen Haushaltsplan aufstellen.

Diese beiden Beispiele waren gute, vergleichbare Rechnungen und daraus lassen sich meine eigene Ziele berechnen.

Mein eigenes Ziel ist der monatliche Cashflow von 5.000 € netto. Dabei ist es mir sekundär wichtig, aus welcher Quelle dieses Geld kommt, Hauptsache, das Geld kommt als passives Einkommen.

Momentan generiere ich mein passives Einkommen aus Immobilien, aus P2P-Krediten und meinem Blog. Durch die drei verschiedenen Einkommensströme bin ich nicht komplett von einer Quelle abhängig.

Trotzdem sollen die Immobilien den Großteil ausmachen. Ich sehe Immobilien als sehr stabil und es wird immer eine Nachfrage an Wohnraum geben. Außerdem kann man, wie oben beschrieben, die Immobilien hebeln. So kommt man schneller zum Ziel.

Dieses Ziel möchte ich in den nächsten vier Jahren erreichen, also im Jahr 2021. Dann bin ich 38 Jahre alt und das ist ein gutes Alter für den Ruhestand.

Durch die Beispielrechnung von oben und mein ambitioniertes Ziel von 5.000 € in den nächsten vier Jahren dürfte jedem klar sein, dass ich sehr kreativ in meiner Strategie sein muss. Sowohl die Erreichung des Zieles durch Aktien als auch durch abbezahlte Immobilien dauert mir zu lange.

Ich will schneller Privatier werden. Daher ist mein Ziel, dass ich die 5.000 € durch finanzierte Immobilien erreichen will. Also Immobilien, auf denen ein Darlehen liegt und die trotzdem Cash abwerfen.

Im kompletten Jahr 2017 habe ich Immobilien gekauft, die mir einen Cash von rund 1.000 € pro Monat generieren. Ich möchte das die folgenden vier Jahre ebenfalls machen. Also jedes Jahr so viele Immobilien kaufen, dass sie mir zusätzlich 1.000 € abwerfen.

Da passives Einkommen skalierbar ist, addieren sich die monatlichen 1.000 € aus den verschiedenen Jahren. Somit habe ich im ersten Jahr 1.000 € monatlich, im zweiten Jahr 2.000 € monatlich bis hin zu 5.000 € monatlich im fünften Jahr.

Den Fortschritt meines Weges zur finanziellen Sicherheit und zur finanziellen Freiheit halte ich in einer Excel-Tabelle fest. Am Ende jedes Monats schreibe ich auf meinem Blog einen Abschlussbericht über die Entwicklung des aktuellen Monats. In diesem Excel kann man sehen, wie viel Prozent ich von meinem Ziel erreicht habe.

Im März 2018 war ich bereits bei 2.654 € von den angestrebten 5.000 € angelangt. Ich habe rund 53 % geschafft. Da die P2P-Einnahmen etwas schwanken, schwankt die Prozentzahl des erreichten Zieles ebenfalls ein bisschen. Die grössten Sprünge mache ich immer, wenn eine neue Immobilie in meinen Bestand kommt.

Nichtsdestotrotz bin ich sehr zuversichtlich, dass ich mein Ziel mit spätestens 38 Jahren erreichen werde. Gar nicht schlecht, wenn man bedenkt, dass die meisten Deutschen erst mit 67 Jahren in Rente gehen können.

Wie du siehst, ist das Setzen von kurz-, mittel- und langfristigen Zielen sehr wichtig. Setze dir deine eigenen Ziele für die finanzielle Freiheit und benutze den Rechenweg von oben. Nur wenn du deine Ziele kennst und sie täglich vor Augen hast, wirst du deine tägliche Energie für die Umsetzung dieser Ziele anstatt für TV und Facebook einsetzen.

Mein Immobilienportfolio – Vollkommende Transparenz

Einer der vielen Wege des Lernens ist das Lernen durch Nachmachen und das Lernen durch Mentoren. Allerdings sollte man nur von Personen lernen, die wirklich erfolgreich sind.

Wenn euch ein normaler Banker in Finanzen belehren und euch super Lebensversicherungen oder Fonds verkaufen will, dann solltet ihr das kritisch hinterfragen. Wenn er so viel Ahnung von Finanzen hat, warum muss er dann den harten, aber wenig ertragreichen Angestelltenjob eines Bankers machen?

Stattdessen solltet ihr euch lieber an denen orientieren, die erfolgreich sind und die das geschafft haben, was ihr selber schaffen wollt. Ab und zu ist das aber sehr schwierig, weil man solche Personen nicht auf den ersten Blick erkennt oder weil diese Person nicht mit offenen Karten spielen.

Im Internet sieht man gerade sehr viele dynamische Personen, die euch den Erfolg über Nacht durch Trading oder Online-Marketing verkaufen wollen. Sie preisen die tollsten Programme und Dienstleistungen an, mit denen ihr über Nacht ein passives Einkommen von 5.000 € aufbaut. Wenn man aber etwas genauer nachfragt und deren eigenen Zahlen sehen will, dann werden sie sehr zurückhaltend und ausweichend.

Das gleiche gilt für Immobilieninvestoren. Nicht im Sinne der dubiosen Geschäfte, sondern im Sinne der Transparenz. Wenn mir jemand beibringen will, wie ich Immobilien kaufen kann, dann möchte ich erstmal sehen, dass er selber Immobilien hat. Außerdem möchte ich sehen, wie die Zahlen dieser Immobilien aussehen und wie seine Ideen und Strategien dafür waren.

Es hilft mir schließlich nichts, von einem Investor den Aufbau von Cashflow-Immobilien lernen zu wollen, wenn dieser nur Wertsteigerungsobjekte im Münchener

Zentrum hat oder sich ausschliesslich mit Fix & Flip beschäftigt.

Daher ist Transparenz und Nachvollziehbarkeit sehr wichtig für mich und meine Leser. Daraus entstand der Name meines Blogs und meines Buches - das Vermietertagebuch. Ich schreibe alles von Anfang bis Ende mit jedem Detail auf, sodass meine Leser alles genau nachvollziehen, nachrechnen und nachmachen können.

Außerdem beschreibe ich sowohl meine Ideen und Strategien als auch meine täglichen Probleme mit den Immobilien, Mietern, Banken und Verkäufern. Das hilft allen Lesern, die tägliche Arbeit als Immobilieninvestor besser zu verstehen und dann können eventuelle Fehler im Voraus vermieden werden. Schließlich muss niemand das Rad neu erfinden und Immobilien gibt es genug für alle.

Ein Teil meiner Immobilienstrategien werde ich in diesem Buch beschreiben und den Rest könnt ihr auf meinem Blog nachlesen. Nichtsdestotrotz wird euch mein bisheriges Immobilienportfolio sicherlich am meisten interessieren. Daher hier ein Bild von meinen Immobilien mit allen wichtigen Zahlen und Fakten. Für mehr Details zu meinen Immobilien könnt ihr gern auf meinem Blog in die Tiefe gehen.

https://vermietertagebuch.com/meine-immobilien/

Das Gleiche gilt für Fragen und Kritik. Gern könnt ihr mir E-Mails oder Kommentare auf meinem Blog schreiben. Ich werde euch die Fragen transparent erläutern und mich eurer Kritik stellen. Am Ende lernen wir schließlich alle davon.

Zur Erklärung im folgenden Bild: ETW1 bis ETW13 sind Eigentumswohnungen, wobei ETW10 ein 5er-Paket Wohnungen und ETW12 ein 3er-Paket Wohnungen ist. MFH1 ist ein Mehrfamilienhaus mit sechs Wohnungen.

#	Standort	Kaufpreis	Verkehrswert*	ursprünglicher Kredit	Zinssatz p.a.	Tilgung	Zinsfest-schreibung	Warm miete	Kalt miete	Hausgeld	Nicht umlegbares Hausgeld	Abschrei-bung	Eigene IHR	Cashflow	qm²	Baujahr	Im Besitz seit
ETW 1	Leipzig Wahren	47'000 €	55'545 €	55'285 €	2.38%	2%	5 Jahre	403 €	325 €	138 €	76 €	83 €	19 €	44 €	38.68	1995	07.2016
ETW 2	Leipzig Paunsdorf	44'500 €	47'923 €	48'928 €	2.38%	2%	5 Jahre	370 €	280 €	179 €	67 €	92 €	24 €	-12 €	48	1910	06.2016
ETW 3	Borsdorf	36'500 €	38'528 €	41'227 €	2.38%	2%	5 Jahre	375 €	285 €	131 €	55 €	62 €	21 €	72 €	42.33	1996	05.2016
ETW 4	Leipzig Stötteritz	31'500 €	40'000 €	31'300 €	1.80%	2%	5 Jahre	295 €	230 €	96 €	29 €	47 €	17 €	76 €	33.32	1997	09.2016
ETW 5	Leipzig Kleinzschocher	48'800 €	55'000 €	48'100 €	1.80%	2%	5 Jahre	431 €	299 €	226 €	44 €	72 €	22 €	19 €	44	1930	08.2016
ETW 6	Leipzig Stötteritz	69'000 €	69'000 €	78'000 €	2.15%	1.59%	10 Jahre	525 €	405 €	156 €	36 €	117 €	26 €	100 €	51.44	1997	05.2017
ETW 7	Leipzig Stötteritz	32'300 €	40'000 €	32'300 €	1.83%	2%	5 Jahre	320 €	240 €	108 €	30 €	48 €	16 €	86 €	32.82	1997	07.2017
ETW 8	Leipzig Stötteritz	50'400 €	60'000 €	50'400 €	1.77%	2%	5 Jahre	525 €	395 €	173 €	36 €	76 €	26 €	153 €	51.65	1997	06.2017
ETW 9	Leipzig Lindenau	43'500 €	50'000 €	41'400 €	1.77%	2%	5 Jahre	347 €	268 €	153 €	54 €	62 €	18 €	36 €	35.17	1993	08.2017
ETW 10	Schkeuditz Glesien	229'000 €	245'655 €	229'000 €	1.95%	2%	5 Jahre	1'967 €	1'475 €	730 €	135 €	344 €	144 €	194 €	288.48	1959	08.2017
ETW 11	Leipzig Lindenau	65'000 €	74'000 €	64'900 €	1.70%	2%	5 Jahre	576 €	396 €	257 €	77 €	97 €	38 €	59 €	75.62	1889	11.2017
ETW 12	Leipzig Rückmarsdorf	80'000 €	95'000 €	89'000 €	1.75%	2.29%	5 Jahre	766 €	546 €	347 €	125 €	126 €	43 €	76 €	86.19	1994	09.2017
ETW 13	Taucha	40'000 €	40'000 €	45'500 €	1.90%	2.32%	5 Jahre	547 €	345 €	276 €	75 €	74 €	38 €	74 €	75	1910	09.2017
MFH1	Frohburg	233'000 €	233'000 €	233'000 €	1.20%	3,00%	5 Jahre	2'380 €	1'945 €	595 €	160 €	483 €	172 €	804 €	343	1850	03.2018
Gesamt		1'050'500 €	1'143'651 €	1'088'340 €	1.91%	2.07%		9'827 €	7'434 €	3'565 €	1'000 €	1'783 €	623 €	1'781 €	1'246		

*Verkehrswert berechnet nach Mieterhöhung und/oder Einschätzung der Bank

Eine der wichtigsten Fragen von Anfängern an fortgeschrittene Investoren ist die Frage “Wie hast du damals angefangen”? Diese Frage will ich in diesem Kapitel beantworten. Ich denke, es gehört zur Transparenz und zur Nachvollziehbarkeit einfach dazu.

Als ich damals in die Schweiz ging, hatte ich noch keine Ahnung von Immobilien, Aktien, Investments oder ähnlichen Themen. Ich freute mich über das viele Geld in meinem neuen Job und machte mir wenig Gedanken über meine Finanzen.

Mir war lediglich klar, dass ich meine Schulden schnell tilgen will. Ich hatte damals einen Umzugskredit in Höhe von 10.000 € (Umzug, Kaution für die neue Wohnung, erste Einkäufe, usw.) und für mein BAföG musste ich ebenfalls rund 3.000 € zurückzahlen. Beides gelang mir innerhalb eines halben Jahres, da ich in der Schweiz viel Geld sparen konnte.

Die neu gewonnene Freiheit beflügelte mich sehr und ich vermisste meinen alten Dienstwagen – meinen Porsche Boxster S. Also fackelte ich nicht lang, kalkulierte etwas in Excel und bestellte mir ein neues Auto. Ob das gut oder schlecht ist, sei mal dahin gestellt und kann jeder für sich selbst entscheiden.

Trotzdem wurde mir im Laufe des Jahres 2014 immer langweiliger auf Arbeit, da ich keine ausfüllenden Projekte bekam und mir mein Chef keine anderen Aufgaben geben konnte. Ich fühlte eine gewisse Leere und beschäftigte mich damals mit dem Jobwechsel. Ziemlich schnell fand ich einen neue Job und damit viele neue Aufgaben.

Irgendwie reichte mir das aber nicht aus. Unterbewusst hatte ich anscheinend die ersten Zweifel an dem normalen Arbeitsleben und dem normalen Lebensmodell der meisten Menschen. Ich hatte irgendwie das Gefühl, nicht wirklich im Leben voranzukommen.

Also surfte ich weiter im Internet und kam an einem Freitagabend bei YouTube auf ein Video von Alex Düsseldorf Fischer. Ich weiß nicht mehr warum und wie genau ich darauf kam, aber es stellte sich später als riesiger „Life changer" heraus. Etwas, was mein Leben und meine Lebenseinstellung um 180 Grad wendete.

In den Videos von Alex geht es um Immobilien und wie man damit Geld verdient. Sie waren unglaublich inspirierend und fesselnd. Ich konnte sehr viel über Immobilien lernen. Ich verbrachte das ganze Wochenende mit dem Schauen aller Videos auf seinem Kanal.

Sonntagabend war ich mit dem Ansehen durch und energietechnisch komplett platt, aber glücklich. Ich hatte etwas sehr Interessantes entdeckt und wollte natürlich gleich loslegen. Ich öffnete Immoscout und schaute mir einige Inserate an. Mir war immer klar, dass ich nichts mit Immobilienfonds zu tun haben wollte, sondern die Immobilien selbst kaufen wollte.

Parallel dazu besorgt ich mir einige Bücher, da ich mein Wissen über Anlageimmobilien und Investmentimmobilien komplettieren wollte. Außerdem sollten es keine Gewerbeimmobilien, sondern nur Wohnimmobilien sein.

Also kaufte ich zusätzlich das Buch von Jörg Winterlich und einige kleine Bücher von Alexander Goldwein. Gerade in letzterem bekam ich eine Excel-Kalkulation-Hilfe mitgeschickt. Die Links zu diesen Büchern findest du auf meinem Blog unter Empfehlungen für Vermieter.

http://vermietertagebuch.com/empfehlungen-fuer-vermieter/

Nach etwas Lektüre startete ich mit den Exposés von Wohnungen in Leipzig. Warum in Leipzig, weiß ich nicht mehr. Ich hatte viel Gutes über Leipzig als Immobilienstandort gelesen und wurde gleich am ersten Tag meiner Suche fündig.

Ich identifizierte einige Exposés als interessant und rechnete die ersten Kalkulationen mit meinem Excel-Tool von Alexander Goldwein durch. Einige Immobilien waren auf grün und ich war überrascht, wie einfach das ging. Ich dachte, ich hätte meine erste Immobilie gefunden.

Also schrieb ich einige Banken an und fragte nach Immobilienfinanzierungen. Sofort stellte sich die Ernüchterung ein. Dadurch, dass ich gerade meinen Job wechselte, war ich in der Probezeit und in der Probezeit finanziert dich keine Bank. Game Over. Zumindest vorerst.

Viele Banken wollten mich erst recht nicht finanzieren, da ich Steuerausländer bin. Einige würde an dieser Stelle aufgeben. Ich nicht!

Somit hieß es für mich, die Probezeit abzuwarten und die Flamme am Lodern zu halten. Ich nutzte diese Zeit, um mir weiteres Wissen anzueignen und weitere Exposés durchzurechnen. Außerdem wollte ich mir erste Kontakte aufbauen. Und das klappte ganz gut.

Ich wusste, dass der Kaufprozess etwas dauern würde und ich erst im Dezember wieder auf die Suche gehen konnte. Meine Probezeit ging bis 28.02.2016, also konnte ich Anfang März mit der ersten Immobilie durchstarten. Bis dahin wollte ich alles gut vorbereitet haben. Also schrieb ich meine neuen Maklerkontakte an und einige antworteten.

Unter den Antworten der Makler fand ich folgende E-Mail:

Sehr geehrter Herr Raue,

es hat uns gefreut, dass Sie sich in diesem Jahr nochmals gemeldet haben und den Wunsch nach weiteren Exposés äußerten.

Auch bei uns konnten in der Vorweihnachtszeit noch einige Objekte veräußert werden. Es sind aber auch noch verschiedene Objekte in Vorbereitung, so dass wir Ihnen im Januar gern noch Angebote nachsenden können.

Heute möchten wir Ihnen zwei Eigentumswohnungen in den Stadtteilen Leipzig-Möckern und Leipzig-Lindenau vorstellen. Die wesentlichen Daten dazu entnehmen Sie bitte den beigefügten Exposés sowie Energieausweisen.

Wenn es Fragen dazu gibt, dann lassen Sie uns diese bitte wissen. Wir freuen uns wieder auf Ihr Feedback.

Wir wünschen Ihnen recht schöne Feiertage sowie einen guten und gesunden Rutsch ins neue Jahr.»

Das hörte sich ganz gut an, also durchstöberte ich die Exposés. Dabei blieb ich an einer Wohnung hängen und klärte weitere Details ab. Meine Bank mochte die Wohnung ebenfalls und wollte mir eine 100%-Finanzierung geben. Das war okay für mich. Außerdem schickte ich meinen befreundeten Bauingenieur als Gutachter zur Immobilie. Er schickte mir seine Eindrücke und damit konnte ich den Kaufpreis um 3.000 € runterhandeln.

Trotzdem hatte ich durch die Videos von Alex Fischer von Nachrangdarlehen gehört und fand die Idee, ohne Eigenkapital zu finanzieren, sehr gut. Somit bräuchte ich lediglich gute Objekte anbringen und könnte mein Portfolio ins Unendliche steigern. Das hörte sich gut an. Zu gut!

Einen Anruf später bei der Hanseatic Bank wusste ich Bescheid, dass die keine Steuerausländer finanzieren. Bäm. Da war es wieder, das alte Problem. Als Steuerausländer arbeitest und lebst du in einem anderen Land, dadurch steigt das Risiko für die Bank und du bist fast nirgends finanzierbar.

Mittlerweile habe ich aber gute Möglichkeiten auch für Steuerausländer gefunden.

https://vermietertagebuch.com/steuerauslaender/

Eine Woche später telefonierte ich zufällig mit meiner Hausbank und fragte dort ebenfalls für ein Nachrangdarlehen an. Sie sagten mir, dass sie sowas nicht machen. Allerdings fragte mich der Banker, warum ich nicht einfach eine 110%-Finanzierung bei ihm mache.

Echt jetzt? Das kannte ich bis dahin gar nicht. Ich sagte sofort zu, auch wenn die Konditionen nicht die allerbesten waren. Die Annuität bestand aus 2,43 % Zins bei 2 % Tilgung. Allerdings sagte mir der Banker, dass wir den Deal bis spätestens 15.03.2016 abwickeln müssen, da danach die Wohnimmobilienkreditrichtlinie in Kraft tritt und die Bank mich dann als Steuerausländer nicht mehr finanzieren darf.

Durch meine Probezeit und die Wohnkreditrichtlinie hatte ich ein Zeitfenster von zwei Wochen für den Abschluss der Finanzierung. Mir war klar, dass das sehr eng wird und ich alles perfekt vorbereiten muss. Zumal ich nicht nach Deutschland zur Bank fahren und alles per Fernabsatz machen wollte. Laut Banker machte man diesbezüglich eine Ausnahme für mich.

Mittlerweile weiß ich: Sowohl Fernabsatz als auch Steuerausländer sind kein offizielles Problem. Nur bedeutet das für einige Banker mehr Arbeit und mehr Risiko. Also nehmen sie das als Ausrede.

Nichtsdestotrotz war ich froh. Ich hatte meine erste Immobilie gefunden und die Finanzierung stand. Wohlgemerkt lebte ich erst seit zwei Monaten in meinem „neuen Leben“.

In der Zeit der Vorbereitung fand ich noch zwei weitere, gute Wohnungen, ebenfalls in Leipzig. Meine zweite und dritte Immobilie fand ich auf Immoscout24. Wobei ich bei der dritten Eigentumswohnung Glück hatte, da ich aus Versehen von der Maklerin das „falsche“ Exposé zugeschickt bekam. Sie hatte den Empfänger verwechselt. Eigentlich hatte ich dort für eine andere Immobilie angefragt und bekam stattdessen diese - viel bessere - Immobilie angeboten.

Sowohl meine eigene Kalkulation als auch mein Gutachter und Banker gaben mir grünes Licht. Somit machte ich einen Notartermin für den Kauf von drei verschiedene Wohnungen. Respektive die Verkäufer gingen zu ihrem Notar vor Ort und ich ließ alles am selben Tag bei meinem Notar nachbeurkunden.

Am 18.03.2016 hatte ich meine ersten drei Wohnungen gekauft und meine Bonität reichte aus, dass ich für alle eine 110%-Finanzierung bekam. Ich musste also viel Zeit investieren für Wissensaufbau, Kontaktaufbau und Objektakquise, aber kein eigenes Geld in die Hand nehmen. Bingo. Der Anfang war gemacht und ich war unglaublich motiviert für die nächsten Investments.

Ursprünglich hatte ich mir Ende 2015 das Ziel gesetzt, dass ich in 2016 eine Wohnung kaufe und dann schaue, wie es mir gefällt. Am Ende sind es sechs Wohnungen in 2016 geworden und ich hatte den heiligen Gral gefunden. Die Daten meiner ersten drei Wohnungen seht ihr im Kapitel meiner Immobilienübersicht.

In der Übersicht seht ihr ebenfalls, dass meine ersten zwei Wohnungen am Anfang nicht der Burner waren. Ich hatte mich verrechnet und die Wohnungen waren leicht negativ. Mittlerweile hat sich das geändert. Meine erste Wohnung wirft durch Mieterhöhung guten Cash ab und die zweite Wohnung wird bis zur nächsten Mieterhöhung durch die anderen Wohnungen getragen.

Fazit: Insgesamt vergingen von meinem ersten Youtube-Video über Immobilien bis zum Kauf der ersten Immobilie rund drei Monate. Ich bin einfach zu neugierig und praktisch veranlagt.

Macht euch also am Anfang nicht zu viele Gedanken und verliert euch nicht in der Theorie. Lernt die Basics für den Immobilienkauf und die Kalkulation. Und dann legt los. Sammelt eure Erfahrungen in der Umsetzung. Learning bei Doing.

Wie oben bereits beschrieben, muss man sich für die Realisierung seiner Wünsche und Vorhaben Ziele setzen. Nur wenn man sich diese Ziele setzt, arbeitet man in die richtige Richtung und kommt seinen Träumen näher.

Wenn man einen Schritt tiefer geht, dann braucht man für die Erreichung dieser Ziele eine Strategie und gut funktionierende Prozesse. Dabei kann es verschiedene Strategien geben, die alle zum gleichen Ziel führen. Beispielsweise führen sowohl Aktien als auch Immobilien zum Aufbau von Vermögen.

Allerdings muss man auch wissen, dass die verschiedenen Strategien unterschiedlich gut funktionieren, unterschiedliche Schwierigkeitsgrade haben und unterschiedlich schnell zum Erfolg führen.

Für mich war daher klar, dass ich meine Ziele in weniger als zehn Jahren und neben dem normalen Job erreichen will. Demnach kann ich nicht den 08/15-Weg gehen und muss etwas abseits der ausgetretenen Wege suchen.

Durch viel Lesen von verschiedenen Strategien und dem Lernen an meinen eigenen Immobiliendeals ist am Ende eine Strategie herausgekommen, die sich sehr gut bewährt hat. Voraussichtlich werde ich mein Ziel der finanziellen Freiheit in sechs Jahren anstatt in zehn Jahren schaffen. Dabei rechne ich die Lern- und Ausbildungsphase inklusive.

Innerhalb dieser Strategie habe ich mir überlegt, welche Art von Immobilien und welche Art von Finanzierungen ich brauche. Beides werde ich in den folgenden Kapiteln beschreiben. Außerdem ist mir die Wichtigkeit des Leverage-Effekts bewusst geworden.

Normalerweise benötigen wir für alle Art von Investments eine Menge Eigenkapital. Dieses Eigenkapital investieren wir in eine Assetklasse, um dann auf das eingesetzte Kapital Erträge und Zinsen zu bekommen. Je mehr Eigenkapital wir einsetzen, desto mehr Erträge können wir generieren.

Oft ist dieses Eigenkapital begrenzt und bei vielen Investoren der Flaschenhals. Vor allem, wenn man in etwas investieren möchte, was größer als das eigene Budget ist.

An dieser Stelle kommt der Fremdkapitalhebel ins Spiel. Wir borgen uns Geld von der Bank, um ein größeres Investment tätigen zu können.

Das Gleiche machen die meisten Menschen der Welt, um sich Konsumgüter zu kaufen. Der neue Fernseher, die neuen Möbel oder das Auto werden über einen Kredit (Fremdkapital) finanziert und somit kann man sich mehr kaufen als man sich eigentlich leisten kann.

Wir ziehen uns Kaufkraft aus der Zukunft in die Gegenwart.

Genau das funktioniert ebenfalls bei Investments. Wir können einen Kredit aufnehmen, um dadurch Geld zu bekommen und dieses zu investieren.

Dieser Kredit kostet uns Geld (die Zinsen an die Bank) und verringert unseren Gewinn bei dem Investment.

Wenn allerdings die Gewinne aus dem Investment größer sind als die Kosten für den Kredit, dann lohnt es sich, den Kredit aufzunehmen und damit das Investment zu hebeln.

Als Beispiel nehmen wir ein Investment von beliebiger Größe, welches eine garantierte Rendite von 10 % hat und einen Kredit, der uns 3 % Zinsen kostet.

Wenn wir beispielsweise Eigenkapital von 10.000 € in dieses Investment stecken, dann bekommen wir in einem Jahr 10 % auf die 10.000 investierten Euro. Wir machen einen Gewinn von 1.000 €

In der zweiten Variante nehmen wir einen Kredit von 50.000 € und investieren das Geld in das gleiche Investment. Die 50.000 € erwirtschaften wieder 10 % Rendite, welche diesmal 5.000 € wären.

Gleichzeitig müssen wir der Bank 3 % Zinsen auf die 50.000 € zahlen, was 1.500 € sind. Somit bleibt uns ein Gewinn von 3.500 € (5.000 € minus 1.500 €).

Wir sehen also, dass wir mit dem Fremdkapitalhebel mehr Gewinn generieren können, als wenn wir nur unser eigenes Geld einsetzen.

Rein theoretisch kann das bis ins Unendliche gehen, allerdings ist dieses Modell oft durch zwei Faktoren begrenzt. Erstens sind die meisten

Investmentmöglichkeiten nicht unendlich groß und zweitens bekommen wir bei der Bank nicht unendlich Kredit.

Als drittes steht einer Rendite immer ein Risiko gegenüber. Die wenigsten Renditen sind garantiert und können sehr oft schwanken. Sollten die Renditen unter den Zins des Kredites sinken, dann machen wir Verlust.

Gerade aus dem letzten Punkt ist zu sagen, dass sich nicht alle Investments zu einem Hebelprodukt machen lassen. Vor allem wenn der Gewinn eines Investments stark schwankt (volatil ist), dann ist vom Hebeln durch Kredite abzuraten.

Zusammenfassend kann man sagen, dass der Leverage-Effekt den Vermögensaufbau enorm beschleunigt und ein wichtiger Eckpfeiler meiner Immobilien- und Finanzierungsstrategie ist. In den nächsten zwei Kapiteln werde ich noch etwas näher darauf eingehen.

Generell gibt es ein paar Sachen, die man als Anfänger in Immobilieninvestments beachten sollte. Da dieses Buch aber kein kompletter Anfängerleitfaden über alle Prozesse beim Immobilienerwerb sein soll, werde ich die wichtigsten Punkte in diesem Kapitel zusammenfassen.

Die Materie der Immobilieninvestments und das dazugehörige Wissen sind unglaublich vielfältig und die Kaufpreise der Häuser schnellen in die Höhe.

Wie schafft man bei all den vielen Faktoren einen guten Einstieg in die Immobilienbranche?

Ich bin der Meinung, als Anfänger sollte man eine vermietete Wohnung kaufen.

Ich bin ein Verfechter davon, klein anzufangen und sich danach zu steigern. Erst dann sieht man, ob einem das Ganze Spaß macht und ob man sich das Immobilien-Business für die Zukunft vorstellen kann.

Schließlich ist es nicht mit dem Kauf einer einzelnen Immobilie getan. Entweder lässt man es wieder sein oder wird zum Wiederholungstäter.

In diesem Kapitel schreibe ich über sechs wichtige Punkte, auf die ich als Anfänger achten würde. Ich habe alle diese Punkte selber so gemacht und kann mit guten Erfahrungen zurück blicken.

Punkt 1) Eigentumswohnung anstatt eines Mehrfamilienhauses

Als Anfänger bin ich im März 2016 mit einer kleinen Eigentumswohnung gestartet. Die Wohnung war 39 qm^2 groß, hat zwei Zimmer und hat 47.000 € gekostet. Einen Doppelparker war im Preis mit inbegriffen.

Mit einer kleinen Wohnung für 50.000 € gehst du kein großes Risiko ein und kannst dich ein wenig ausprobieren. Du lernst den kompletten Akquise- und Kaufprozess kennen. Also alles, was man für spätere Deals braucht.

Alles, was an Problemen auftreten könnte (Mieterauszug, Dachreparatur usw.), hat eine sehr begrenzte Auswirkung. Über die Wohnungseigentümergemeinschaft (WEG) wird eine Menge abgefedert, da Reparaturen am Gemeinschaftseigentum auf alle Eigentümer umgelegt werden.

Bei mir ist damals alles gut gelaufen und es gab keinerlei Probleme. Bei befreundeten Investoren war es ähnlich. Trotzdem wirst du ein Gefühl dafür bekommen, wie alles abläuft und ob du damit zurechtkommst.

Du wirst merken, ob die Akquise für dich langweilig oder stressig ist. Du wirst merken, ob du mit Schulden gut schlafen kannst oder nicht. Und du wirst merken, ob du mit Verantwortung umgehen kannst.

Das Beste dabei: Du wirst eine Menge lernen. Du lernst Sachen, die für alle Investments wichtig sind.

Wenn du beispielsweise einen Fehler bei der Kalkulation machst, dann lässt sich das bei einer Wohnung einfacher verzeihen als bei einem Mehrfamilienhaus. Bei meiner ersten Wohnung hatte ich mich damals beispielsweise verrechnet. Am Ende hat die Wohnung 9 € monatlich Miese gemacht.

Ein wenig später konnte ich den Fehler in meinem Kalkulations-Tool ausmerzen und somit in der Zukunft schlechte Investments auf Grund von Kalkulationsfehlern vermeiden.

Ein weiterer Punkt ist der positive „Track-Record“. Wenn du ein paar erfolgreiche Investments getätigt hast, wird das die Bank sehr positiv bewerten. Die Bank sieht, dass du Ahnung von dem hast, was du machst. Das wird sie dir in Zukunft mit besseren Konditionen belohnen.

Wenn mit deiner ersten Wohnung alles glatt läuft, kannst du mit den Erfahrungen das nächstgrößere Projekt in Angriff nehmen. Ein Wohnungspaket. Und danach ein Mehrfamilienhaus.

Punkt 2) Die Rendite als wichtigstes Kriterium bei der Geldanlage

In diesem Buch und auf meinem Blog dreht sich alles um Investmentimmobilien. Wir wollen mit unseren Immobilien Geld verdienen. Daher müssen wir vor dem Kauf der Immobilie eine Investmentkalkulation durchführen. Ein Teil dieser Berechnung ist die Renditeberechnung.

Wie bei einer normalen Geldanlage am Aktienmarkt, ist die Rendite bei der Immobilie das wichtigste Kriterium. Sicherlich ist diese Renditeberechnung am Anfang immer etwas ungenau, da wir nicht alle Zahlen kennen und auch die Bankkonditionen noch schwanken. Allerdings hilft uns die Renditeberechnung für zwei Zwecke.

Erstens nehmen wir immer die gleiche Berechnung, dadurch machen wir die Immobilien vergleichbar. Wir können bei mehreren Immobilien sehen, welche die Rentabelste ist. Wir können uns für die beste entscheiden.

Zweitens ist die Renditeberechnung ein Schnell-Check, um zu prüfen, ob das Angebot gut oder Schrott ist. Und glaub mir, es wird zurzeit sehr viel Schrott auf dem Markt angeboten.

Die Mietrendite oder Bruttorendite ist wohl die bekannteste Renditekennzahl bei Immobilien. Sie dient als erster Überschlagswert für die Immobilie. Anhand dieser Zahl kann man die Immobilie in den hiesigen Immobilienmarkt einordnen und eine Vorauswahl treffen.

Die Mietrendite wird aus der Jahreskaltmiete durch den Kaufpreis berechnet. Einige andere Investoren benutzen dagegen den Faktor oder Vervielfältiger als Renditekennzahl. Dieser ist genau der Kehrwert von der Mietrendite, also Kaufpreis durch Jahreskaltmiete.

Wenn wir eine Wohnung mit Kaufpreis 100.000 € und Jahresnettokaltmiete von 5.000 € haben, dann ist die Mietrendite 5 % und der Faktor wäre 20.

Ich selber rechne immer mit der Mietrendite. Diese Kennzahl hilft mir enorm bei der Vorauswahl von Objekten. Dabei habe ich drei magische Grenzen:

- 6 % Mietrendite (Faktor 16,6): Das ist der durchschnittliche Wert, ab den Immobilien Cashflow neutral werden - also plus / minus null. Darunter wird NIE etwas gekauft.
- 7 % Mietrendite (Faktor 14,3): Das ist die Mindestrendite, die Eigentumswohnungen für mich haben müssen, sodass ich mich weiter mit ihnen beschäftige. Diese Immobilien werfen in der Regel Cash ab und haben damit einen eingebauten Sicherheitspuffer.
- 10 % Mietrendite (Faktor 10): Das ist die Mietrendite, für die ich Mehrfamilienhäuser suche und kaufe. Sicherlich ist das sehr hoch und man findet das nicht (mehr) in den Großstädten,

aber gerne im Speckgürtel der Städte oder etwas außerhalb mit guter Infrastruktur.

Wenn ich also ein Exposé bei Immoscout sehe oder vom Makler zugeschickt bekomme, dann prüfe ich als erstes die Mietrendite. Wenn die Mietrendite 7 % bei Wohnungen oder 10 % bei Mehrfamilienhäusern hat, dann beschäftige ich mich weiter mit dem Investment.

Sollte die Rendite darunterliegen, wandert die Mail und das Inserat sofort in den Müll. Dabei spielt es auch keine Rolle, ob das Objekt eine schöne Lage oder Potential hat. Für mich ist es dann nicht interessant.

Potential in Objekten ist zwar sehr schön, sollte aber nicht in die Immobilien und somit die Rendite eingepreist sein. Potential ist dafür da, um den Wert der Immobilie später zu steigern.

Durch dieses schnelle Ein- oder Aussortieren kann ich gewährleisten, dass ich die schlechten Immobilien innerhalb von einer Minute aussieben kann und somit viel Zeit spare - Zeit, die ich dann für die genauere Prüfung von guten Immobilien habe.

Dabei ist es wichtig, dass ihr wirklich mit der Kaltmiete rechnet und euch nicht auf die im Exposé angegebene Miete verlasst. Oft schreiben Makler nur die Warmmiete ins Exposé, weil das schöner aussieht und mehr Kunden anlockt. Fragt die Makler immer nach dem Mietvertrag beziehungsweise der Mieteraufstellung bei Mehrfamilienhäusern!

Beispielsweise hatte ich ein Mehrfamilienhaus in Magdeburg zu 9 % Rendite gesehen und habe weiter nachgeforscht. Als ich dann die Mieteraufstellung sah, konnte ich sehen, dass diese Rendite mit der Warmmiete berechnet war. Bei der richtigen Berechnung mit der Kaltmiete kam nur noch 4,5 % heraus und das Objekt war Cashflow negativ.

Lasst euch bei Bedarf immer den Mietvertrag geben und rechnet selber nach. Wenn der Makler auf Grund von Datenschutzbestimmungen zögert, dann verlangt zumindest einen mit Namen geschwärzten Mietvertrag. Nur so könnt ihr ein böses Erwachen verhindern. Kauft niemals eine vermietete Wohnung, ohne den Mietvertrag gesehen zu haben! Darin können sich auch noch andere fiese Sachen, wie nicht erhöhbare Miete, versteckt halten.

Punkt 3) Die Lage ist für die Vermietbarkeit wichtig

Für viele ist die Lage das wichtigste Kriterium. Für mich nicht. Allerdings bringt eine gute Lage einige Vorteile mit sich.

Der wichtigste Punkt bei der Lage ist die Wiedervermietbarkeit. Wir wollen als Investoren immer Mieter in unserer Wohnung haben, die uns Miete zahlen. Es lässt sich nicht vermeiden, dass ab und an die Mieter aus der Wohnung ausziehen und wir jemand neues suchen (lassen) müssen. Daher brauchen wir die Wohnung in einer Lage, in der sich schnell und unkompliziert ein neuer Mieter finden lässt.

Sicherlich ist das in der Großstadt und in den A-Lagen am einfachsten. Außerdem ist die Wiedervermietbarkeit ein wichtiger Faktor für die Bank. Für die Bank muss durch die Wohnung eine nachhaltige Miete erzielbar sein. Nur dann bekommt ihr einen guten Kredit.

Außerdem sorgen gute Lagen für eine Wertsteigerung. Gerade bei der «Fix & Flip»-Immobilienstrategie ist die Steigerung im Verkehrswert enorm wichtig.

Allerdings wertet ihr merken, dass sich die Wiedervermietbarkeit oft gegensätzlich zur Rendite verhält. In Regionen mit hoher Wiedervermietbarkeit (München, Hamburg, Berlin) gibt es viel Konkurrenz und daher niedrige Renditen. Kauft also auf keinen Fall nur wegen der Lage.

Es ist toll, wenn euch die Mieter bei Neuvermietung die Bude einrennen. Wenn der Kaufpreis aber so hoch ist, dass die daraus entstehenden Kosten nicht durch die Miete gedeckt werden können, dann ist das ein No-Go.

Neben der Standortfrage ist natürlich auch die Mikrolage zu beachten. Wenn du eine Wohnung in Zentrumsnähe bekommst, dann ist das für die Wiedervermietbarkeit deutlich besser als eine Wohnung direkt neben dem Friedhof. Auch eine spätere Mieterhöhung wird in einer guten Lage einfacher sein, als irgendwo in der Pampa.

Punkt 4) Eine vermietete Wohnung kaufen – kein Leerstand

Als Vermietungsstand ist die Tatsache gemeint, ob eine Wohnung leer steht oder vermietet ist. Hier empfehle ich ganz klar, dass der Anfänger nur vermietete Immobilien kaufen sollte. Aus zwei Gründen.

Als ersten Grund ist die eigene Kalkulation genannt. Gerade als Anfänger hat man viele offene Baustellen und Unsicherheiten. Wenn man sich dann noch mit einer leeren Immobilie und dem Berechnen der ortsüblichen Vergleichsmieten beschäftigen muss, dann wird das zu viel. Vor allem weil bei dieser Berechnung sehr viele Sachen zu beachten sind, welche das Wissen und die Prioritäten des Anfängers weit übersteigen.

Der zweite Grund ist die Einschätzung der Bank und das Vertrauen in die Immobilie. Wenn die Bank eine reale Kaltmiete sieht, dann kann sie besser kalkulieren, als wenn sie eine „Soll-Miete“ zur Berechnung heranziehen muss. Gerade bei Anfängern ohne Track-Record geht die Bank davon aus, dass der Investor kaum Erfahrung und Wissen mit Immobilien hat.

Sie vertraut dem Anfänger weniger, was sich in höheren Zinsen wiederspiegelt. Wenn die Immobilie nicht vermietet ist und man mit einer kalkulatorischen Miete rechnet, dann wirft das einen weiteren „ungewissen“ Faktor in den Raum.

Daher ist meine Empfehlung, am Anfang vermietete Immobilien zu kaufen. Wenn du später in diesem Gebiet Erfahrungen gesammelt hast und einen Track-Record vorweisen kannst, dann kannst du auch leere Objekte mit Potenzial kaufen.

Punkt 5) Zustand des Objektes – Keine Reparaturen und Sanierungen

Als Anfänger mit Immobilien hat man ziemlich viele Baustellen – im sprichwörtlichen Sinne. Da sollten nicht noch richtige Baustellen dazukommen. Reparaturen, Sanierungen und Modernisierungen können teuer und kompliziert werden. Als Anfänger hat man dafür oft kein Geld und auch kein Wissen.

Daher sollte man sich auf Immobilien fokussieren, deren Zustand in Ordnung ist. Dafür liest man sich die Protokolle der letzten drei Eigentümerversammlungen durch. Dort steht geschrieben, wie der Zustand des Hauses ist, welche Reparaturen vor kurzem gemacht wurden und welche demnächst anstehen. Durch die Protokolle bekommt man einen guten Überblick über den Zustand des Gemeinschaftseigentums.

Für das Sondereigentum, also alles innerhalb der Wohnung, muss man sich bei einer Besichtigung selber ein Bild machen. Wenn man sich damit nicht auskennt, kann man gern einen Gutachter mitnehmen.

Ich selber schicke nur noch meinen Gutachter hin. Der kennt sich in der Materie tausendmal besser aus als ich und gibt mir eine gute Zusammenfassung. Sollte der Zustand der Wohnung in Ordnung sein, kann man zuschlagen.

https://vermietertagebuch.com/gutachter-deutschlandweit-2/

Wenn der Gutachter oder das WEG-Protokoll demnächst anstehende Reparaturen aufzeigen, sollte der Anfänger die Finger davonlassen. Falls man doch unbedingt kaufen will, sollte man die Kosten der anstehenden Reparaturen schätzen lassen und den Kaufpreis runterhandeln.

Punkt 6) Nur fünf Jahre Zinsbindung wählen

Als Investor für Immobilien schlage ich immer 5 Jahre Zinsbindung vor. Die 5 Jahre Zinsbindung sorgen für eine hohe Flexibilität.

Solltest du merken, Immobilien sind nichts für dich, dann kannst du nach 5 Jahren wieder aussteigen, ohne eine große Vorfälligkeitsentschädigung zahlen zu müssen.

Solltest du merken, Immobilien sind voll dein Ding, dann kann ich nach fünf Jahren bessere Konditionen aushandeln. Bis dahin hast du nämlich deine Bonität verbessert, etwas vom Darlehen getilgt, einen Track-Record aufgebaut und die Immobilie ist eventuell im Wert gestiegen.

Außerdem gibt es bei kurzer Zinsbindung niedrigere Zinsen als bei 10 oder 15 Jahren.

Fazit: Als Anfänger solltest du eine vermietete Wohnung kaufen. Und zwar in einer guten (Mikro-) Lage, mindestens 7 % Rendite, ohne Reparaturstau und nur 5 Jahren Zinsbindung nehmen.

Und vor allem: Einfach tun und nicht Jahre lang warten.

Wenn man diese Punkte ein-, zwei-, dreimal gemeistert hat, dann kann man einen Gang zulegen und zu größeren

Investments übergehen. Beispielsweise habe ich nach dem Kauf meiner ersten neun Wohnungen ein ganzes Wohnungspaket von fünf Wohnungen gekauft. Der Prozess war der Gleiche, aber der Gewinn etwas höher. Nach den ersten 19 Wohnungen kam dann das erste Mehrfamilienhaus mit sechs Wohneinheiten.

All dies konnte ich bedenkenlos und einfach durchführen, weil ich mit den ersten, einfachen Wohnungen gute Erfahrungen gesammelt habe. Der Prozess, die Kalkulation und das Management der einzelnen Wohnungen sind in Fleisch und Blut übergegangen, sodass ich mich jetzt auf neue und größere Sachen konzentrieren kann.

Einer der elementaren Bereiche bei Immobilieninvestments ist die Strategie der Immobilienfinanzierung. Diese hängt auf der einen Seite stark mit den persönlichen Zielen respektive dem persönlichen Zeithorizont und auf der anderen Seite mit den aktuellen Marktkonditionen zusammen.

Jeder Investor stellt sich die Frage nach viel finanzieren oder wenig finanzieren. Viel tilgen oder wenig tilgen. Lange Zinsbindung, kurze Zinsbindung. Schnell viel kaufen oder langsam den Bestand aufbauen. Dies sind nur einige der Fragen, die man sich beantworten muss, wenn man sich ein ansehnliches Immobilienportfolio aufbauen will.

Außerdem kommt eine große Anzahl von Banken und verschiedenen Konditionen zusammen. Das Thema „wie man die richtige Bank findet" ist dabei extrem wichtig und daher habe ich dem weiter unten ein gesamtes Kapitel gewidmet.

Bezüglich meiner eigenen Finanzierungsstrategie muss ich sagen, dass ich mir bei meinen ersten Investments nicht ganz so viele Gedanken gemacht habe und mir außerdem die Kontakte zu vielen Banken fehlten. Ich hatte einige Videos zum Thema Immobilienfinanzierung gesehen und wollte einfach loslegen.

Die passenden Immobilien waren schnell gefunden und die Motivation war groß. Im Gegensatz zu vielen Investoren, denen es an Objekten mangelt, hatte ich eher Probleme, eine passende Bank zu finden. Meine Bonität war gut und die Objekte trugen sich von selbst.

Allerdings werden Immobilien in Deutschland nur von inländischen Banken finanziert. Und diese haben vielerlei Kriterien. Eins der wichtigsten Kriterien war der Wohnsitz und der Job in Deutschland. Hier lag die Crux. Ich arbeite und lebe in der Schweiz. Ich bin für die deutschen Banken ein „Steuerausländer“ und somit oft nicht finanzierbar.

Banken sind immer auf höchste Sicherheit aus und an Risikovermeidung orientiert. Sie bauen sich tausend Sicherheitsnetze für den Fall der Fälle, im schlimmsten Fall die Zwangsversteigerung und Pfändung, ein.

Da sie bei einer Person im Nicht-EU-Ausland keine Kontopfändung vornehmen können, fallen ausländische Privatinvestoren bei vielen Banken durch. Dazu kommt das Währungskursrisiko, welches die Banken dank der neuen Kreditvergaberichtlinie tragen müssen. Ich musste schmerzvoll feststellen, dass ich bei 90 % aller Banken durch das Raster falle. Hier eine Standardantwort von einer Bank:

„Sehr geehrter Herr Raue,

bezüglich Ihrer Finanzierungsanfrage habe ich leider auch keine guten Neuigkeiten: Der Gesetzgeber verabschiedet ab 21.03.2016 die sogenannte "Wohnimmobilienkreditrichtlinie" (WIKR). Hieraus ergeben sich für alle Institutionen, die sich mit Immobilienkrediten beschäftigen, tiefgreifende Veränderungen. Für uns als Bank heißt das in der durch unseren Vorstand festgelegten Umsetzung, dass wir keine Darlehen mehr an Kunden vergeben dürfen, die außerhalb Deutschlands leben und/ oder arbeiten und ihr Einkommen nicht in Euro beziehen."

Große Mist, allerdings für mich kein Weltuntergang. Wer nicht motiviert ist, findet Ausreden. Wer motiviert ist, findet Lösungen.

Schlussendlich habe ich nach intensiver Suche einige Banken gefunden und konnte meine ersten drei Wohnungen kaufen. Bei den ersten drei Wohnungen waren mir die Konditionen weniger wichtig, ich war froh, überhaupt eine Bank gefunden zu haben. Ich finanzierte mit meiner Hausbank auf fünf Jahre mit

2,43 % Zins mit einer 110%-Finanzierung. Diese Finanzierung war ok, aber es geht besser.

Wenn man nur wenige Banken für eine Zusammenarbeit bei Investments hat, dann muss man bei anderen Wünschen zurückstecken. Eine Immobilienfinanzierung mit schlechten Konditionen ist immer noch besser als gar keine Finanzierung und damit kein Kauf.

Wie ihr aus meinen Zielen wisst, will ich möglichst schnell ein großes Immobilienportfolio aufbauen, um möglichst früh von dem Vermögensaufbau durch Tilgung profitieren zu können. Dafür braucht man viele gute Objekte, gutes Eigenkapitalmanagement und hohe Finanzierungsausläufe.

Des Weiteren strebe ich durch den günstigen Einkauf oder Unterbewertung der Objekte an, eine große Differenz zwischen Verkaufspreis und Vermögenswert zu erreichen. Diese Lücke versuche ich durch die Aufwertung meiner

Wohnungen zu vergrößern und anschließend durch eine Neubewertung zu schließen. Den Prozess dazu könnt ihr weiter unten im Kapitel der Nachbeleihung lesen.

Weiterhin versuche ich immer Objekte mit positiven Cashflow zu finden, sodass sich jede Wohnung von selbst trägt und meine Bonität steigert.

Alle drei Punkte sind in sich sehr wichtig und entscheiden sehr stark über die Geschwindigkeit eures Vermögensaufbaus. Daher werde ich all diesen Punkten weiter unten ein eigenes Kapitel widmen. Jeder dieser Punkte ist ein Turbo im Vermögensaufbau.

Meine 6 Turbos für die Immobilieninvestments

In diesem Kapitel möchte ich näher auf meine sechs Turbos im Vermögensaufbau eingehen. Diese Prinzipien haben mir sehr stark dabei geholfen, innerhalb der zwei Jahre die 25 Wohneinheiten aufzubauen.

Sicherlich gibt es viele Basics bei Immobilieninvestments, die man für den erfolgreichen Kauf einer Immobilie erstmal verstanden haben muss. Für diese Basics gibt es sehr gute Grundlagenbücher. Egal ob von Jörg Winterlich, Thomas Knedel oder Alexander Fischer.

Allerdings interessierte mich von Anfang an nicht nur der Kauf von einer Wohnung, sondern von vielen Wohnungen und wie ich das in kürzester Zeit realisieren kann. Daher habe ich viel im Internet recherchiert und einige Autoren selber befragt.

Leider gab es wenige Antworten und man musste oft zwischen den Zeilen lesen. Daher habe ich meine eigenen Ideen umgesetzt und sehe sie als extrem wertvoll für den schnellen Portfolioaufbau an.

Diese Ideen, deren Auswirkungen und Umsetzungen beschreibe ich in den folgenden sechs Kapiteln. Sollte ich im Laufe meiner nächsten Investments weitere Turbos zu Immobilieninvestments finden, werde ich diese auf meinem Blog veröffentlichen.

An einigen Stellen in diesem Buch habe ich darauf hingewiesen, dass ich es einfacher mit Immobilienkäufen habe, da ich mit meinem Schweizer Gehalt eine sehr gute Bonität habe und dadurch bessere Konditionen oder überhaupt einen Kredit bekomme.

Die gute Bonität, also einen grossen Haushaltsüberschuss, ist einer der wichtigsten Gründe für die Finanzierung durch Banken. Eine Person mit schlechter Bonität, zum Beispiel mit 800 € Nettogehalt, hat dagegen keine Chance. Für diese Person bleibt das Immobilienkaufen reine Fantasie.

Und das zu Recht. Es stimmt zu 100 %. Solange ich ein niedriges Gehalt bekomme, ein schlechtes Mindset zu Geld & Bildung habe und keine Verantwortung übernehmen möchte, sind große Sprünge Wunschdenken.

Wohnung	Kaufpreis	Kaufnebenkosten
ETW 1	47'000 €	4'700 €
ETW 2	44'500 €	4'450 €
ETW 3	36'500 €	3'650 €
ETW 4	31'500 €	3'150 €
ETW 5	48'800 €	4'880 €
ETW 6	69'000 €	6'900 €
ETW 7	32'300 €	3'230 €
ETW 8	50'400 €	5'040 €
ETW 9	43'500 €	4'350 €
ETW 10	229'000 €	22'900 €
ETW 11	65'000 €	6'500 €
ETW 12	80'000 €	8'000 €
ETW 13	40'000 €	4'000 €
MFH1	233'000 €	23'300 €
Gesamt2	1'050'500 €	105'050 €

Warum ist ein hohes Gehalt wichtig? Nicht, weil man davon gut leben soll, sondern weil man zum einen dadurch Kredite bei den Banken bekommt und zum anderen, weil man dieses Geld investieren kann. Selbst bei einer 100%-Finanzierung durch eine Bank (die bekommt man bei guter Bonität) braucht man immer Kapital zum Bezahlen der Kaufnebenkosten.

Wie beim Pokern braucht man Kohle für den big blind und den small blind. Wenn du dieses Geld nicht hast, darfst du nicht mitspielen. Und bei Immobilien sind das generell 10 % des Kaufpreises. Meine Immobilien sind im Schnitt 45.000 € wert, also brauche ich bei 10 % Kaufnebenkosten immer 4.500 €.

Diese 10 % sind eine Menge Holz, vor allem weil wir nicht nur eine Immobilie kaufen wollen. Daher müssen wir Geld sparen, um es investieren zu können. Danach soll sich die Immobilie selber tragen und eventuell noch Cash abwerfen.

Um den Stein ins Rollen zu bringen, müssen wir erstmal investieren. Und wenn man wie ich schnell wachsen will, muss man viel investieren. Dafür braucht man ein hohes Gehalt und einen hohen Haushaltsüberschuss.

Mit meinem Gehalt kann ich monatlich zwischen 2.000 € und 3.000 € sparen. Ich kann mir alle zwei Monate eine neue Wohnung kaufen, wenn ich diese zu 100 % finanziere.

Wenn wir eine schlechtere Bonität und weniger Haushaltsüberschuss haben, dann bekommen wir von der Bank keine 100%-Finanzierung, eventuell nur 90 % oder sogar nur 80 %. Je niedriger die Finanzierung ist, desto mehr Geld müssen wir selber einbringen. Je mehr Geld wir einbringen müssen, desto mehr Geld müssen wir von dem geringen Gehalt sparen.

Es ist quasi ein Teufelskreis. Wenn ich viel verdiene, dann muss ich weniger Eigenkapital mitbringen und bekomme höhere Finanzierungen. Wenn ich wenig Geld verdiene, dann sieht die Bank ein höheres Risiko und ich muss mehr Geld mitbringen. Somit hat eine gute Bonität einen doppelten Effekt auf die Geschwindigkeit des Vermögensaufbaus.

Nun hat aber nicht jeder ein solch hohes Gehalt. Sicherlich könnte man erstmal fragen, warum verdienen die anderen Personen so wenig? Wieso gibt sich eine Person mit unter 1000 € netto zufrieden?

Auf jeden Fall gibt's einige Investoren, die stehen noch am Anfang ihrer Karriere. Vielleicht in Ausbildung oder Studium. Allerdings gibt's auch ältere Menschen, die geben sich mit sowas zufrieden. Ich selbst habe das im engsten Bekanntenkreis.

Im Grunde genommen sind die Gründe auch egal. Die wichtige Erkenntnis ist: Mit diesem Gehalt kann man Immobilien vergessen, also muss sich gehaltstechnisch etwas ändern. Sei es durch Arbeitsplatzwechsel, Berufswechsel, Standortwechsel und so weiter. Man muss aus der Komfortzone raus.

Dass ich als Taxifahrer, Krankenpfleger, Sozialarbeiter oder in der Gastro nicht reich werde, ist hinlänglich bekannt. Spätestens nach ein, zwei Jahren Arbeit in diesen Berufen. Es gibt sehr viele, schlecht bezahlte Berufe und daran wird sich erstmal nichts ändern. Daran hat weder die Wirtschaft noch die Politik Interesse.

Sehr oft hört man Leute schreiben „In meinen Beruf verdient man schlecht. In meinem Beruf hat man es schwer, etwas zu erreichen.“ Oft bemitleiden sich die Leute selber, wollen aber nichts ändern.

Diesen Leuten kann man nicht helfen, jeder muss die Motivation, etwas ändern und verbessern zu wollen, selbst aufbringen. Die Motivation und der Antrieb müssen von innen heraus kommen. Es wird Zeit, für sein eigenes Leben Verantwortung zu übernehmen.

Wenn man sieht, dass das eigene Leben schlecht ist, dann muss man die Verantwortung übernehmen und eine Entscheidung treffen. Eine Entscheidung, etwas zu ändern. Diese Entscheidung ist die halbe Miete. Und dann natürlich zu der Entscheidung stehen und es durchziehen.

Danach kann man sich Gedanken über die verschiedenen Möglichkeiten machen.

- Den Arbeitgeber wechseln
- Den Beruf wechseln
- Sich selbstständig machen
- Einen Nebenjob machen
- Das Land wechseln
- Und so weiter...

Einige Sachen davon sind einfacher zu bewerkstelligen, andere sind aufwendiger beziehungsweise mit größerer Energieanstrengung verbunden.

Das wichtigste dabei ist: Egal, wie viel mehr wir durch den Wechsel verdienen, wir müssen es sparen....oder zumindest einen großen Teil davon. Wenn man durch einen Wechsel 500 € mehr netto hat, aber gleich ein größeres Auto und eine größere Wohnung anschafft, dann kommt man nicht voran.

Sicherlich will man sich was gönnen, als Belohnung für den Mut. Das ist auch ok. Aber man sollte das auf ein Drittel beschränken. Wenn ich monatlich 500 € mehr verdiene, dann kann ich 150 € davon konsumieren und 350 € sparen. Diese 350 € aufs Jahr hochgerechnet sind 4.200 € und somit die erste kleine Eigentumswohnung für rund 40.000 €.

Das mag sich vielleicht langweilig anhören und eine einzelne Wohnung ist nicht besonders viel.

ABER: Es geht darum, dass man es einmal durchzieht, ein Gespür dafür entwickelt und sein Mindset ändert. Wenn du das einmal gemacht hast, dann siehst du den direkten Erfolg und machst es in Zukunft immer wieder.

Ein weiterer Arbeitgeberwechsel, eine Gehaltserhöhung, eine günstigere Wohnung. Plötzlich findet man am laufenden Band Möglichkeiten zur Verbesserung und zum Geldsparen fürs Investieren.

Niemand soll wie ein Asket leben. Das mache ich auch nicht. Ich könnte auch 1.500 € mehr im Monat sparen und dann schneller Wohnungen kaufen. Es ist einfach eine Sache des persönlichen Geschmacks. Je mehr ich spare, desto mehr kann ich investieren und desto schneller kann ich wachsen. Ein Mittelweg ist auch ok.

Viele junge Immobilieninvestoren leben in einer 1-Zimmer-Wohnung und fahren einen alten Opel Corsa. Ich kenne sogar einen, der fährt tagsüber Essen aus und hat nebenbei ein Immobilienvermögen von einer Million. Klingt erstmal komisch, aber das ist der Kompromiss, den man in der Wachstumsphase eingehen muss.

Sparsam leben und das Gehalt durch eine der oben genannten Möglichkeiten verbessern, ist das allerwichtigste.

Ein guter Kumpel von mir arbeitet bei der Feuerwehr in Berlin. Seit Jahren erzählt er mir, dass er bei der Feuerwehr jedes anderen Bundeslandes 30 % mehr verdienen würde. Also müsste er nur den Arbeitsort/Arbeitgeber wechseln.

Eine Freundin ist Krankenschwester und verdient 800 € netto. Nachdem sie mir ihr Leid erzählt hat, habe ich kurz gegoogelt. In der Schweiz verdienst du als Krankenschwester einen Mindestlohn von 3.000 CHF. Nach wenigen Jahren Berufserfahrung 4.000 CHF.

Klar sind die Kosten höher, aber man kann auf akzeptablen Niveau sogar in Zürich von 2.000 CHF leben. Dann lebt man in einer WG und kann 1.000 CHF pro Monat sparen. Das wären 12.000 CHF im Jahr und somit 2 Wohnungen pro Jahr.

Des Weiteren kenne ich Studenten, die täglich/am Wochenende/in den Ferien arbeiten und sich somit das Kapital für eine Wohnung besorgen. Oder fleißige Handwerker, die sich selbstständig gemacht haben und danach ihr Einkommen verdreifacht haben.

Sicherlich sind diese Wechsel nicht so leicht und man muss sein Leben umstellen. Man muss auf Sachen verzichten. Das macht man dann fünf bis sechs Jahre und danach lebt es sich viel besser. Man muss sich eine Zeit lang anstrengen und in den sauren Apfel beißen. Wir müssen die gute Mobilität und die Möglichkeiten des Internets ausnutzen. Noch nie war es so leicht, einen guten Arbeitsplatz zu finden und Immobilien online zu kaufen.

Ein paar dieser beschriebenen Wechsel sind die Gründe für meine gute Bonität und somit dem Turbo für meine

Investments. Wechsel des Landes, Wechsel des Arbeitgebers und stetige Reduzierung der Kosten.

In Deutschland hatte ich nach drei Jahren Arbeit ein Gehalt von monatlich 2.000 € netto. Danach bin ich in die Schweiz gegangen und hatte monatlich 6.100 CHF netto. Nach einem Jahr habe ich meinen Arbeitgeber gewechselt und hatte monatlich 6.600 CHF netto.

Nach einem halben Jahr habe ich meinen Wohnort gewechselt und musste 500 CHF weniger Steuern bezahlen. Das waren 7.100 CHF netto. Nach einem weiteren halben Jahr habe ich meine 13 Monatsgehälter auf 12 Monatsgehälter umstellen lassen. Dann war ich bei 7.800 CHF netto pro Monat.

Meinen Lebensstandard habe ich nach dem Umzug in die Schweiz und nach dem Kauf meines Autos nicht mehr erhöht. Sicherlich fliege ich jetzt ein bisschen öfter durch die Welt. Aber dafür ist jede zukünftige Wohnung günstiger geworden (bin dreimal umgezogen) und mein Partyleben hat sich reduziert. Also habe ich jeden Monat mehr Geld übrig, welches ich sparen und dann investieren kann.

Mein Haushaltsüberschuss beträgt momentan rund 3.000 €, wobei das meiste Geld für die Wohnung und das Auto draufgeht.

Diesen Haushaltsüberschuss habe ich durch die Immobilien, P2P und meinen Blog auf rund 5.000 € steigern können. Ich habe neue Einkommensquellen dazu bekommen, aber meine Ausgaben nicht erhöht. Somit hat sich meine Bonität kontinuierlich verbessert und die Banken finanzieren mich immer lieber.

Außerdem könnte ich durch die hohen Einnahmen mittlerweile jeden Monat anstatt nur jeden zweiten Monat eine neue Wohnung kaufen. Das beschleunigt die Investments ebenfalls enorm.

Im Grunde kann das jeder nachmachen und ebenfalls einen komfortablen Haushaltsüberschuss aufbauen. Allerdings wird das nicht einfach. Wie oben beschrieben, muss man dafür diszipliniert arbeiten und aus seiner Komfortzone raus gehen.

Ich selbst bin dafür weit aus meiner Komfortzone rausgegangen und habe Opfer erbracht. Ich habe meinen gesamten Freundeskreis und meine Familie verlassen. Das ist hart und damit muss ich jeden Tag kämpfen. Aber das mache ich gerne, da ich weiß, wofür ich es mache. In zwei Jahren kann ich nach Deutschland zu meinen Freunden zurückkehren, bin finanziell frei und habe ein besseres Leben als 95 % aller Deutschen.

Irgendwo hatte ich mal folgendes Zitat gelesen (sinngemäß).

„Zehn Jahre lang musst du so leben, wie 95 % der Menschen nicht leben wollen. Danach kannst du den Rest deines Lebens so leben, wie 95 % der Menschen leben wollen, aber nicht können."

Ausschliesslich 100%- und 110%-Finanzierungen

Wie im Kapitel meiner Finanzierungsstrategie beschrieben, finanziere ich alle meine Wohnungen mit 100 % oder sogar 110 %.

Das sorgt dafür, dass ich möglichst wenig Eigenkapital einsetzen muss und mir so viele Wohnungen hintereinander leisten kann. Natürlich müssen diese Immobilien solide sein und guten Cash abwerfen, ansonsten würde mir die Bank irgendwann den Geldhahn zudrehen. Aber zum Thema Cashflow der Immobilie schreibe ich im nächsten Kapital.

Der Finanzierungsanteil beziehungsweise der Beleihungsauslauf der Immobilie beeinflusst extrem stark das Tempo, mit dem ich Immobilien kaufen kann. Je nach verfügbaren Eigenkapital kann ich pro Jahr mehr oder weniger Immobilien kaufen.

Wenn ich beispielsweise 20.000 € Eigenkapital übrig habe und Wohnungen für 50.000 € kaufe, dann kann ich dafür verschieden viel Eigenkapital einsetzen.

Wenn wir von 10 % Kaufnebenkosten ausgehen, dann kann ich mir mit 100%-Finanzierungen genau vier Wohnungen für 5.000 € pro Jahr kaufen. Wenn ich dagegen nur eine 90%-Finanzierung bekomme, dann muss ich pro Wohnung bereits 10.000 € Eigenkapital mitbringen (10 % Nebenkosten und 10 % Kaufpreis). Dann könnte ich mir nur noch zwei Wohnungen pro Jahr leisten.

Wie man sieht, kann man sich umso weniger Wohnungen pro Jahr kaufen, je mehr Eigenkapital man einsetzt.

Jetzt fragen sich einige, warum man überhaupt Eigenkapital einsetzen soll und warum man nicht alle Wohnungen zu 110 % finanzieren soll. Dann könnte man schließlich unendlich viele Wohnungen jedes Jahr kaufen.

Der erste Grund ist, dass nicht jeder Investor 100%- oder 110%-Finanzierungen bekommt. Wie oben beschrieben, bekommen nur Personen mit einer sehr guten Bonität die hohen Finanzierungen. Bei vielen anderen verlangt die Bank das Einbringen von mehr Eigenkapital. Egal ob man will oder nicht.

Der zweite Grund ist für viele der Risikogrund. Sie sagen, dass sie viel Risiko rausnehmen und auf mehr Sicherheit gehen, wenn sie Eigenkapital in die Immobilie stecken. Somit würden sie eine geringere Kreditrate zahlen und beispielsweise bei Mietausfall weniger draufzahlen müssen.

Allerdings ist das ein großer Trugschluss. Genau das Gegenteil ist der Fall. Wenn ich weniger Eigenkapital einbringe, kann ich mir mehr Wohnungen leisten und somit das Risiko streuen! Wen ich vier Wohnungen kaufe und habe in einer Wohnung Mietausfall, dann trägt der Cashflow der anderen drei Wohnungen die vierte Wohnung mit und ich muss nichts draufzahlen.

Das nennt man in der Fachsprache Diversifizierung. Wenn ich nur zwei Wohnungen hätte, dann trägt die eine sicher nicht den kompletten Ausfall der zweiten.

Als Fazit kann man sagen, dass man durch hohe Finanzierungen einen weiteren Turbo im Vermögensaufbau durch Immobilien parat hat.

Immer nur Cashflow-Immobilien kaufen

Die Kalkulation der Immobilie ist das Herzstück und somit deine wichtigste Aufgabe. Die Theorie dahinter habe ich bereits ausführlich auf meinem Blog in der Immobilienbilanz erklärt (siehe Leitfaden für Immobilieninvestments).

https://vermietertagebuch.com/immobilien-investment-leitfaden/

Um dem Cashflow der Immobilie zu berechnen, kannst du gern mein Immobilien-Kalkulations-Tool für Excel benutzen. Es zeigt dir nach der Eingabe der Fakten an, wieviel Cashflow deine Immobilie abwirft.

Der Cashflow kann positiv, null oder negativ sein. Am Anfang findet man nicht gleich die besten Objekte, daher sind Kalkulationen mit null Cashflow völlig in Ordnung. Je positiver der Cashflow wird, desto besser. Einzig Objekte mit negativen Cashflow sind ein No-Go.

Wenn man allerdings ein grosses Immobilienportfolio aufbauen und schnell wachsen will, dann braucht man aus zwei Gründen sehr guten Cashflow aus den Immobilien.

Der erste Punkt ist die Haushaltsrechnung. Wie ich oben beschrieben habe, sind ein guter Haushaltsüberschuss und eine gute Bonität sehr wichtig. Daher dürfen wir uns die Bonität mit den Immobilien nicht zerschiessen. Ein klassisches Beispiel ist die Eigenheimimmobilie. Die kostet nur Geld und belastet unsere Haushaltsrechnung.

Wenn wir dagegen eine Immobilie kaufen, die viel Cash abwirft, dann steigert diese Immobilie unseren Haushaltsüberschuss und somit unsere Bonität. Der Banker sieht, dass mit dem Cashflow der Immobilie der Haushaltsüberschuss höher ist und somit sein Risiko mit der Finanzierung geringer. Am Ende tritt das Gleiche ein wie oben. Wir verbessern unsere Bonität und bekommen dadurch bessere Finanzierungen. Dabei ist anzumerken, dass die Banken mit Stressannuitäten rechnen, welches ich weiter unten beim Risikomanagement beschreiben werde.

Der zweite Punkt ist ebenfalls offensichtlich. Wenn meine Immobilie Cash abwirft, dann kann ich diesen Gewinn nehmen, um schneller Eigenkapital aufzubauen und schneller weitere Immobilien zu kaufen.

Der monatliche Cashflow meiner 13 Wohnungen und meines Hauses liegt nach Abzug aller Kosten und Sicherheitspuffer bei 1.781 €. Somit besorgen mir allein meine bisherigen Wohnungen das Eigenkapital in Höhe von 21.372 € im Jahr. Allein durch dieses zusätzliche Eigenkapital kann ich vier weitere Wohnungen pro Jahr kaufen und damit schneller wachsen. Fast ein Perpetuum mobile.

Wohnung	Warmmiete	Annuität	Hausgeld	Eigene Instandhaltung	Cashflow
ETW 1	403 €	202 €	138 €	19 €	44 €
ETW 2	370 €	179 €	179 €	24 €	-12 €
ETW 3	375 €	150 €	131 €	21 €	72 €
ETW 4	295 €	107 €	96 €	17 €	76 €
ETW 5	431 €	164 €	226 €	22 €	19 €
ETW 6	525 €	243 €	156 €	26 €	100 €
ETW 7	320 €	109 €	108 €	16 €	86 €
ETW 8	525 €	173 €	173 €	26 €	153 €
ETW 9	347 €	140 €	153 €	18 €	36 €
ETW 10	1'967 €	900 €	730 €	144 €	194 €
ETW 11	576 €	222 €	257 €	38 €	59 €
ETW 12	766 €	300 €	347 €	43 €	76 €
ETW 13	547 €	160 €	276 €	38 €	74 €
MFH1	2'380 €	809 €	595 €	172 €	804 €
Gesamt2	9'827 €	3'857 €	3'565 €	623 €	1'781 €

Zusammengefasst sorgen Cashflow-Immobilien dafür, dass du weitere Wohnungen mit diesem zusätzlichen Cash kaufen kannst und somit einen weiteren Turbo für deinen Vermögensaufbau hast.

Nun stellst du dir sicher die Frage, ab wann kann man von guten Cashflow bei einer Immobilie reden?

Dafür benutze ich bei der Kalkulation meiner eigenen Immobilien die Promillegrenze.

Die Promillegrenze sagt aus, dass ich mindestens einen monatlichen Cashflow von ein Promille des Kaufpreises haben will. Erst dann wirft eine Immobilie für mich guten Gewinn ab.

Wenn ich beispielsweise eine Immobilie für 100.000 € kaufe, dann muss sie am Ende einen Cashflow von 100 € monatlich haben. Wenn ich eine Wohnung für 30.000 € kaufe, dann muss sie einen monatlichen Cashflow von 30 € haben.

Wenn eine Wohnung nach detaillierter Berechnung unter der Promillegrenze ist, dann werde ich sie nicht kaufen, vor allem, wenn es ständig andere interessante Objekte gibt.

Mit der Promillegrenze stelle ich sicher, dass alle meine Objekte im Verhältnis zu ihrem Kaufpreis einen guten Gewinn abwerfen und die Objekte meine Bonität verbessern.

Dem Verkäufer die Kaufnebenkosten tragen lassen

In diesem Kapitel beschreibe ich einen weiteren Prozess, der mir schon dreimal extrem stark geholfen hat und somit zum Turbo meiner Investments wurde.

Oft ist bei Investments das Eigenkapital der Flaschenhals. Gute Investoren haben oft mehr Angebote, als sie selber kaufen könnten. Daher sind sie auf die Kredite der Bank angewiesen.

Nichtsdestotrotz möchte die Bank sehr oft einen Teil des Investments durch den Kunden bezahlt bekommen. Die Kaufnebenkosten werden nur von wenigen Banken und bei wenigen Kunden mitfinanziert.

Somit muss der Investor die Kaufnebenkosten ansparen, um einen neuen Deal tätigen zu können.

Was wäre aber, wenn der Verkäufer die Kaufnebenkosten bezahlt und der Käufer eine normale 100%-Finanzierung bekommt? Richtig. Dann könnte man theoretisch unendlich viele Investments tätigen.

Interessanterweise ist es ein falscher Glaubenssatz, dass der Käufer die Kaufnebenkosten tragen muss.

Sicherlich ist es bei vielen Geschäften ein ungeschriebenes Gesetz und viele Investoren glauben sogar, dass es per richtigem Gesetz vorgeschrieben ist.

Aber nein, das ist es nicht.

In Deutschland haben wir Vertragsfreiheit und in dem (Notar-)Vertrag könnt ihr festlegen, wer welche Kosten zu tragen hat.

Ab und zu sieht man, dass sich der Käufer und der Verkäufer die Maklerkosten teilen. Das wäre schon mal ein guter Anfang. Allerdings wäre es viel schöner, wenn der Verkäufer die gesamten Kaufnebenkosten tragen würde. Er bekommt nach dem Kauf sowieso den Kaufpreis überwiesen und sollte danach einiges an Cash übrig haben.

Ich habe die Erfahrung gemacht, dass gerade Verkäufer ohne Makler sehr aufgeschlossen für diese Möglichkeiten sind. Anstatt den Kaufpreis runterzuhandeln, könntet ihr dem Verkäufer vorschlagen, dass er die Kaufnebenkosten zahlt. Gerne könnt ihr dem Verkäufer beide Angebote parallel machen.

Wenn die Wohnung beispielsweise für 100.000 € zum Verkauf steht und ihr nur 90.000 € zahlen wollt, könnt ihr dem Verkäufer zwei Angebote machen. Einmal bietet ihr ihm den Kauf für 90.000 € an und einmal für 100.000 €, wenn der Verkäufer die Kaufnebenkosten trägt.

Für den Verkäufer läuft beides aufs Gleiche hinaus - ihm bleiben am Ende 90.000 € übrig. Geschickterweise strickt ihr die Angebote so, dass bei dem Angebot ohne Kaufnebenkosten mehr netto für den Verkäufer übrigbleiben. Dann hat er einen höheren Anreiz für euren bevorzugten Deal.

Ihr werdet erstaunt sein, wie oft dieser Vorschlag vom Verkäufer akzeptiert wird. Und wenn nicht, dann kauft ihr über den normalen Weg.

Eine weitere Hürde ist manchmal, dass der Verkäufer das Geld erst bei Kaufpreiszahlung erhält und diese sich oft länger hinzieht, je nach Geschwindigkeit des Grundbuchamtes. Bis dahin sind oft schon eine Menge Rechnungen für die Kaufnebenkosten fällig (Makler, Notar, usw.) und der Verkäufer müsste in Vorleistung gehen. Das wollen und können einige Verkäufer nicht. Hier muss man kreativ sein.

Ich regele das dadurch, dass ich die Kaufnebenkosten für den Kauf auslege und nach Kaufpreiszahlung vom Verkäufer erstattet bekomme. Genauso wird es im Notarvertrag festgehalten. Ich benutze dafür folgenden Passus:

„Der Verkäufer XXX beabsichtigt den Verkauf der Wohnung YYY an den Käufer ZZZ zum Kaufpreis von XX.XXX €.

Der Verkäufer verpflichtet sich, die folgenden Kaufnebenkosten für den Verkauf der oben genannten Wohnung zu bezahlen:

- *Notarvertrag inklusive Abwicklung*
- *Grundbuchkosten*
- *Grunderwerbssteuer*
- *Genehmigungen*
- *Makler*

Die Bezahlung dieser Kosten wird bei einer Höhe von XXX € gedeckelt. Alle darüber hinaus entstehenden Kosten trägt der Käufer.

Die Zahlungsabwicklung der vom Verkäufer zu übernehmenden Kosten erfolgt Zug um Zug mit der vom Käufer zu leistenden Kaufpreiszahlung auf Anforderung des Notars. Bis dahin werden die entstehenden Kosten (Notar, Grundbuch, Grunderwerbssteuer, Genehmigungen, Makler) durch den Käufer vorgelegt."

Mit diesem Passus im Notarvertrag konnten die Verkäufer meiner Wohnungen gut leben. Die Deckelung des Kaufnebenkostenbetrages sorgte für zusätzliche Sicherheit beim Verkäufer. Diese Deckelung habe ich aus der zu erwartenden Höhe der Kaufnebenkosten abgedeckt. Konservativ gerechnet mit rund 3 % für Notar und Grundbuch.

Außerdem lasse ich beim Kauf von leeren Wohnungen immer eine Neuvermietungsklausel in den Kaufvertrag mit aufnehmen, sodass ich bei der Neuvermietung keine Zeit und kein Geld verliere. Diesen Passus stelle ich euch ebenfalls zur Verfügung.

„Der Käufer kann direkt nach dem Notartermin mit der Neuvermietung der Wohnung beginnen und den Mietvertrag auf seinen Namen abschließen. Sollte ein Mieter vor Eigentumsübergang gefunden werden und Miete vor dem Eigentumsübergang fließen, so stehen

maximal zwei Monatsmieten bereits dem Käufer zum Begleichen der Neuvermietungs-Maklerprovision zu. Alle weiteren Mieten bis zum Eigentumsübergang gegen an den Verkäufer."

Dieser Passus hat den Charme, dass sich mein Makler sofort um die Neuvermietung kümmern und ich mir den Mieter selber aussuchen kann. Außerdem wird der Makler aus der Miete bezahlt, die mir normalerweise erst ab Eigentumsübergang zusteht. Wenn es schnell geht, dann ist das eine Neuvermietung zum Nulltarif.

Schnelle Neubewertung und Nachbeleihung der Immobilie

Viele Investoren überlegen sich, wie sie mit dem Thema der Zinsbindung umgehen. Fünf Jahre, zehn Jahre oder noch länger? Die meisten Leute wollen Sicherheit bei den jetzigen, niedrigen Zinsen und wählen möglichst lange Laufzeiten. Die Banken empfehlen das Gleiche.

Ich mache das Ganze anders. Ich will so kurze Laufzeit wie möglich. Am liebsten nur ein Jahr oder variable Zinsen. Leider sind fünf Jahre das Minimum bei meiner Partnerbank. Wieso mache ich das?

Vorweg: Keiner weiß, wann und wie viel die Zinsen steigen. Daher verschwende ich keinen Gedanken daran. Ich orientiere mich am jetzt.

Für mich zählt die Überlegung, dass ich möglichst schnell neue Finanzierungskonditionen heraushandeln will. Warum? Ich weiß, dass ich mein Investment schnell aufwerten kann und dass ich immer unter Wert einkaufe.

Die Bank muss sich leider durch das Niederstwertprinzip an dem Kaufpreis orientieren. Wenn ich eine Wohnung für 50.000 € kaufe, sie aber eigentlich 60.000 € wert ist, dann muss mir die Bank den Kapitaldienst auf die 50.000 € berechnen.

Auf die 50.000 € bekomme ich die 100%-Finanzierung. Bei 2 % Zins zahle ich also 1000 € Zinsen. Würde die Bank stattdessen den richtigen Wert der Immobilie ansetzen, 60.000 € statt 50.000 €, dann bräuchte ich keine 100%-Finanzierung, sondern nur eine 83%-Finanzierung. Und wie jeder weiß, gibt es für eine 80%-Finanzierung deutlich bessere Zinsen als für eine 100%-Finanzierung.

Leider darf die Bank den höheren Wert der Immobilie frühestens nach einem Jahr ansetzen. Bei mir sind es dank meiner Zinsbindung fünf Jahre. Gehen wir also davon aus, dass ich nach fünf Jahren die Miete um zehn Prozent gesteigert habe und somit meine Immobilie zehn Prozent mehr wert ist. Außerdem habe ich schon zehn Prozent getilgt. Nach fünf Jahren habe ich somit eine Immobilie, die 66.000 € wert ist (+10 %) und ein Darlehen von 45.000 € (-10 %).

Das heißt, ich brauche nur noch eine Anschlussfinanzierung von 68 % und bekomme wieder deutlich bessere Zinskonditionen. Wäre ich 10 oder 15 Jahre gebunden, müsste ich die „alten" Konditionen sehr lange mit mir rumtragen.

Und selbst wenn der Wert der Immobilie nicht steigt: Nach fünf Jahren sind 10 % getilgt und eine 90%-Finanzierung bedeutet besseren Zins als bei einer 100%-Finanzierung.

In diesem Bereich kann man mit billigen Einkauf, Aufwertung und kurzer Finanzierungsdauer sehr kreativ werden. Alternativ könnte ich die frei gewordenen Grundschulden auch nachbeleihen und als Eigenkapitalersatz für neue Investments nehmen.

Nach fünf Jahren sind 10 % getilgt. Diese 10 % sind genau die Kaufnebenkosten für eine neue Immobilie mit gleichem Wert. Also kauft man nach fünf Jahren durch Nachbeleihung eine neue Immobilie zum Nulltarif. Das ist ein wirklicher Turbo im Portfolioaufbau.

Schneller Aufbau und Nutzung eines Immobiliennetzwerkes

Der Aufbau eines Netzwerkes hat zwei wichtige Funktionen und kann ebenfalls ein Turbo im Immobilieninvestment sein.

Als erstes bekommt man über sein Netzwerk Zugang zu Immobilien, die noch nicht auf dem Markt sind. Diese „Off-Market"-Immobilien haben oft bessere Konditionen, als wenn sie der breiten Masse auf Immoscout zugänglich gemacht werden.

Als zweites kannst du durch ein gutes Netzwerk deine Prozesse extrem beschleunigen und effektiver gestalten. Beispielsweise kannst du mit einem guten Netzwerk von Bankern viel schneller auf neue Immobilienangebote reagieren. Außerdem lässt es dich ruhiger schlafen, wenn du einen Rohrbruch in einer Wohnung hast und einen guten Klempner kennst.

In letzter Zeit merkte ich beispielsweise immer mehr, dass ich Immobilien durch mein Netzwerk und über Empfehlungen angeboten bekommen. Die klassischen „Off-Market“-Immobilien.

Das ist natürlich super, wenn ich die Immobilien teilweise off-Market und somit zu günstigen Preisen und ab und zu ohne Makler bekomme.

Beispielsweise habe ich im Dezember 2017 die Wohnung von einem Verkäufer angeboten bekommen, von dessen Cousin ich bereits eine Wohnung gekauft hatte. Wir wurden uns schnell einig und ich bekam sehr günstig eine gute Immobilie. Mit dem Verkäufer konnte ich direkt alle Details besprechen und wir hatten keinen Zeit- und Preisdruck durch andere Interessenten.

So konnte ich verhandeln, dass der Verkäufer die Wohnung vor Verkauf renoviert, er die Kaufnebenkosten übernimmt und ich vor Eigentumsübergang einen neuen Mieter suchen darf.

Wäre diese Immobilie „on Market“ gewesen, dann wäre die Wohnung durch die Konkurrenz (viele Käufer) viel teurer geworden und somit weniger rentabel für mich.

Neben solchen direkten Immobilienangeboten bekommt man im Laufe der Zeit viele weitere Kontakte und somit lukrative Deals.

In einem zweiten Beispiel hat mir ein Banker, bei dem ich selber ein paar Immobilien finanziert habe, Mitte März 2018 folgende Mail geschrieben:

„Hallo Herr Raue,

ich hoffe es geht Ihnen gesundheitlich gut.

da Sie mich auf ihrem Blog weiterempfehlen und einige Anfragen bereits für die Interessenten und auch für mich einen entsprechenden Mehrwert gebracht haben, möchte ich Ihnen etwas Gutes tun.

Bereits seit über einem Jahr arbeite ich mit einer sehr netten Maklerin und Gutachterin zusammen, die Sie von ihrem Blog bereits kennt und auch von ihrem Stammtisch in der Schweiz gehört hat.

Diese Maklerin kann Ihnen womöglich, die eine oder andere Immobilie in Deutschland zu guten Konditionen verschaffen. Sie können neben den bereits vorhandenen Maklern, ihr persönliches Netzwerk für die Immobiliensuche ausbauen.

Wenn Sie mit Frau S telefonieren oder sich per E-Mail austauschen, bestellen Sie bitte schöne Grüße von mir."*

An dieser Stelle bewahrheitet sich die Aussage, dass man erstmal viel geben muss und später automatisch viel zurückfließt. Sei es durch Geld, Deals oder Kontakte. Man tut anderen etwas Gutes und dadurch wird man in guter Erinnerung behalten.

Das zeigt außerdem, dass das eigene Netzwerk in der Immobilienbranche automatisch wächst und sich automatisch neue Gelegenheiten auftun. Diese neuen Gelegenheiten können deinen Vermögensaufbau zusätzlich positiv beeinflussen und werden im Laufe der Zeit immer wichtiger.

Darum fällt es Profis in Immobilieninvestments einfacher als den Anfängern. Das darf man aber nicht als Ungleichheit oder etwas Schlechtes sehen, sondern als zusätzlichen Bonus. Wenn man sich als Anfänger bemüht, dann bekommt man irgendwann die Kontakte und die guten Deals als Bonus oben drauf. Es ist ein bisschen wie Karma.

Als Fazit kann man auch hier sagen, dass der Aufbau eines Immobiliennetzwerkes als Turbo im Vermögensaufbau helfen kann.

Meine Strategie, um die richtige Bank zu finden

Die Finanzierung ist einer der wichtigsten Bestandteile bei Immobilieninvestments. Selbst Kapitalanleger und Eigennutzer kaufen in den wenigstens Fällen bar.

Daher ist es umso wichtiger, die richtige Bank mit guten Konditionen zu finden. Oder überhaupt eine Bank zu finden, die einen finanziert. Sehr oft hagelt es erstmal eine Menge Absagen, bevor man eine willige Bank findet.

Am Ende wollen wir schließlich alle das Gleiche – Geld verdienen. Die Bank ist genauso an harten Euro interessiert wie du. Sie finanziert dich nicht, weil du dir deinen lang ersehnten Traum erfüllen willst.

Die Banken haben schon jahrhundertelang Erfahrungen mit Krediten und ihren Kunden. Daher wissen sie genau, wie sie ihre Kunden einschätzen können und wem sie Kredite geben.

Sie geben nur Kredite nach draußen, wenn sie diese Kredite mit hoher Wahrscheinlichkeit zurückgezahlt bekommen. Und das lassen sich die Banken gut bezahlen. Sie haben riesige Datenbestände zu Auswertungen, Risikoanalysen und Berechnung von KPIs. Sie wissen, wem sie ihr Geld anvertrauen können und wem nicht. Und darum geht es – um Vertrauen.

Du würdest dein Geld auch nur an jemanden verleihen, dem du vertraust und wo du weißt, dass du dein Geld wiederbekommst. Je größer deine Zweifel und je länger die Dauer des Geld Verleihens, desto höher willst du dir das mit Zinsen bezahlen lassen.

Die Bank macht es genauso. Wenn dir die Bank nicht vertraut, gibt sie dir keinen Kredit beziehungsweise extrem bescheidene Konditionen. Wenn dir die Bank sehr stark vertraut, bekommst du eine 100%-Finanzierung zu 1,2 % Zins.

Das Vertrauen ist also der Wert, mit dessen Wahrscheinlichkeit du den Kredit zurückzahlen kannst.

Das Vertrauen kann durch Eigenkapital, eine gute Bonität, eine sehr rentable Immobilie, langjährige Geschäftsbeziehungen und viele andere Faktoren aufgebaut werden.

Am besten sollten alle diese Faktoren im grünen Bereich sein, dann ist dir die Finanzierung so gut wie sicher. Allerdings möchte man einige Faktoren gar nicht so gut aufstellen. Beispielsweise wollen wir Investoren wenig bis kein Eigenkapital einbringen – siehe das Kapitel zu den 100%- und 110%-Finanzierungen weiter oben.

Alle diese Punkte sollten den Interessenten einer Immobilienfinanzierung klar sein. Ich werde sie im späteren Verlauf ab und zu erwähnen, aber nicht mehr genauer darauf eingehen.

Einige Sachen wie die langjährigen Geschäftsbeziehungen bauen sich automatisch auf, andere können sich ständig ändern.

Gerade bei Anfängern und bei neuen Bankkontakten sollten man daher die anderen Punkte möglichst gut vorbereiten. Im Einzelnen sind das die Vorbereitung der eigenen Dokumente, die Schaffung einer guten Bonität, die Aufbereitung / Kalkulation einer Beispielimmobilie und die Formulierung deiner Wunschkonditionen.

Erstens musst du all diese Sachen sowieso machen, zweitens zeigst du große Professionalität, wenn du das gleich am Anfang machst und drittens sparst du Zeit.

Auf alle diese Punkte werde ich im Folgenden weiter eingehen.

Die eigene Bonität

Wie weiter oben beschrieben, ist ein wichtiger Punkt für die Bank deine Bonität beziehungsweise deine Haushaltsrechnung. Grob gesagt schaut die Bank, wie viel du verdienst und wie viele Ausgaben du hast.

Dabei müssen die Einnahmen nachhaltig sein. Temporäre Einkünfte, befristete Arbeitsverhältnisse oder Boni berechnen die Bank schlechter oder sind sogar ein No-Go. Daher hat es ein Selbstständiger schwerer, einen Kredit für die Immobilie zu bekommen als ein Angestellter.

Bei den Ausgaben zieht die Bank alle offiziellen Ausgaben zu Rate und setzt für alle anderen Pauschalen fest. Sie sieht deine Miete, Kredite, Versicherungen und so weiter. Für Lebenshaltungskosten bemisst sie einen gewissen Prozentsatz deines Einkommens und macht Aufschläge für Kinder.

Aus diesen Einnahmen und Ausgaben bildet die Bank die Differenz und bewertet danach deine Bonität. Je höher die Differenz ist (positiv), desto besser bewertet die Bank deine Bonität. Je besser deine Bonität, desto mehr vertraut dir die Bank und die Chancen auf den Kredit steigen.

Platt gesagt rechnet die Bank konservativ alle Eventualitäten durch und schaut, wie viel Kreditrate du dir mit deinem Einkommen leisten könntest, selbst wenn die Immobilie vermietet ist und sich selbst trägt. Die Miete könnte ausfallen und dann müsstest du den Immobilienkredit selber tragen.

Anhand deiner Bonität berechnet die Bank, wie viele Immobilien und wie viel Kreditrate du dir leisten könntest. Daraus leitet sich ab, dass du dir ein umso größeres Immobilienportfolio leisten kannst, je besser deine Bonität ist.

Beispielsweise hat mir eine meiner Banken gesagt, dass ich eine sehr gute Bonität habe und sie mich bis zu einem Volumen von 2,5 Millionen Euro finanziert. Allerdings verdiene ich im Job auch 7.600 CHF netto und habe einen Haushaltsüberschuss von 3.500 CHF pro Monat.

Normalerweise sagt euch die Bank im Gespräch, wie weit sie euch finanzieren kann und wieviel Immobilien ihr euch leisten könnt.

Für mich ist eine gute Bonität sogar so wichtig, dass sie für mich ein Turbo bei dem Vermögensaufbau sein kann. Daher hatte ich sie weiter oben in einem extra Kapitel ausführlicher beschrieben.

Demzufolge solltet ihr ständig darauf bedacht sein, eure Bonität zu verbessern. Sei es durch die Erhöhung eurer

Einnahmen (zum Beispiel Gehaltserhöhung) oder die Senkung eurer Ausgaben (Abzahlen eines Kredites).

Dann steigt eure Bonität, ihr könnt mehr kaufen und bekommt von der Bank bessere Konditionen.

Manchmal gibt es noch andere, externe Faktoren, die eure eigene Bonität verschlechtern beziehungsweise es Banken unmöglich macht, euch zu finanzieren.

Beispielsweise bin ich Steuerausländer und bekomme deshalb von 95 % der Banken Absagen.

Andere Banken haben eventuell Probleme mit Selbstständigen, Probleme mit der Finanzierung von GmbHs, Probleme mit dem Alter der Investoren in Rentennähe und so weiter.

Diese Punkte sollte man kennen oder man bekommt sie bei den ersten Bankgesprächen genannt.

Danach sollte man sie immer vorweg benennen, sodass man keine Zeit verplempert.

Manchmal gibt es dann nur sehr wenige Banken, die mit einem zusammenarbeiten wollen und man muss sehr lange nach Banken suchen. Daher müssen wir immer mit offenen Karten spielen. Hat man ein solch negatives Kriterium, kann man das bei einigen Banken mit anderen Faktoren wieder gut machen.

Beispielsweise kann ich meinen Negativpunkt des Steuerausländers durch eine gute Bonität wiedergutmachen. Beider Sachen bin ich mir bewusst und kommuniziere sie direkt in der ersten Mail.

Vorbereitung der eigenen Dokumente

Im letzten Punkt haben wir geklärt, wie wichtig die eigene Bonität ist. Nun geht es darum, diese Bonität der Bank gut aufbereitet zu präsentieren.

Daher sollten alle Punkte deiner Bonität mit Dokumenten hinterlegt und überprüfbar sein. Diese Dokumente will die Bank als Nachweis haben, da kommt man nicht drum herum. Somit macht man einen sehr professionellen Eindruck, wenn man gleich zu Beginn alle Dokumente gut aufbereitet und digitalisiert parat hat.

Einige dieser Dokumente schicke ich sofort in der ersten Mail mit, andere halte ich auf Anfrage der Bank auf meinem Rechner bereit. Somit kann man eine Menge Zeit sparen und macht der Bank die Prüfung der Bonität sehr einfach.

Im Erstkontakt mit der Bank schicke ich immer meine Selbstauskunft inklusive Immobilienportfolio und meinen Gehaltsnachweis mit. In der Selbstauskunft sind alle meine Posten bezüglich meiner Bonität aufgelistet und die Bank kann später bei Bedarf einzelne Dokumente anfragen.

Oft haben die Banken standardisierte Listen für die benötigten Dokumente und es sind immer dieselben Dokumente. Somit reicht das einmalige Einscannen und Aufbereiten eigentlich aus. Einzig die monatlichen Gehaltsnachweise müssen immer wieder neu nachgereicht werden.

Ein Muster für die Selbstauskunft und Immobilienaufstellung findet ihr hinten im Buch.

Aufbereitung und Kalkulation einer Beispielimmobilie

Zu einer Finanzierungsanfrage gehört immer eine Beispielimmobilie. Banker kalkulieren ungern ins Blaue und mit Luftzahlen. Eventuell geht das noch bei deiner Hausbank, aber bei neuen Kontakten sollte immer ein konkretes Objekt dabei sein.

Dabei ist es egal, ob du dieses Objekt kaufen wirst oder es dir ein anderer wegschnappt. Es geht darum, dem Banker zu zeigen, mit welchen Immobilien du dich beschäftigst und ob er diesen Immobilientyp finanziert.

Somit kann dir der Banker sagen, wie deine Konditionen für dieses oder ähnliche Objekte aussehen.

Zur Aufbereitung dieser Beispielimmobilie gehören das Exposé und deine Kalkulation. Im Exposé sieht der Banker die wichtigsten Daten und aus der Kalkulation sieht er die erste Wirtschaftlichkeitsberechnung.

Für die Kalkulation kannst du gern mein Immobilien-Kalkulations-Tool nutzen und als erste Orientierungswerte 2 % Zins und 2 % Tilgung eingeben. Die genauen Werte bekommst du später bei deinem Banker.

Alle anderen gängigen Dokumente solltest du, wie bei deiner Bonität, abrufbereit haben, also Mietverträge, Mieterlisten, Grundrisse, Wirtschaftspläne, Grundbücher, Protokolle und so weiter.

Sollte sich der Banker eine Zusammenarbeit mit dir vorstellen können, wird er dir eine komplette Liste aller benötigten Objektunterlagen zuschicken.

Wünsche und No-Gos formulieren – Formulierung deiner Konditionen

Ein wichtiger Punkt, den aber viele vergessen. Du solltest dir im Klaren über deine Immobilien- und Finanzierungsstrategie sein. Darin soll enthalten sein, wie du generell deine Immobilien finanzieren willst.

Es bringt nichts, wenn du generell nur 5 Jahre Zinsbindung möchtest, aber dann eine Anfrage bei der Allianz stellst. Die wollen nämlich so langfristig wie möglich finanzieren, also 15 oder 20 Jahre.

Du solltest dir grundsätzlich bewusst sein, welche Beleihungsausläufe, Zinsbindungen und Annuitätenhöhen du dir vorstellst. Sicherlich musst du das nicht in der ersten E-Mail erwähnen, aber du solltest es im Hinterkopf haben.

Beispielsweise finanziere ich immer zu 100 % beziehungsweise zu 110 %. Viele Banken wollen mir das nicht anbieten, also lege ich diese Banken auf Eis. Es bringt mir nix, faule Kompromisse zu machen und eine 80%-Finanzierung zu akzeptieren, da ich dann mehr Eigenkapital binde und langsamer wachse.

So gibt es für jede Strategie gute und schlechte Dinge. Der eine will keinen Bausparer, der nächste will kein Konto bei der Bank eröffnen müssen. Ein Investor will Gewerbe finanzieren und der nächste über eine GmbH ohne private Haftung. Für einen sind Banktermine vor Ort wichtig, ein anderer will alles aus der Ferne abwickeln können.

Sei dir im Klaren, was ok für dich ist und was nicht. Und wenn dir eine Bank nichts zu deinen Vorstellungen anbietet, dann geh zu nächsten Bank.

Aber übertreibe es nicht. Wenn du eine schlechte Bonität hast, kannst du keine 110%-Finanzierung mit 1,2 % Zins erwarten.

Die Banken für die Immobilienfinanzierung raussuchen

Nachdem du alle deine Hausaufgaben gemacht hast und vorbereitet bist, geht es ans Eingemachte. Nun müssen wir die richtige Bank finden, welche schnell und kompetent reagiert.

Dabei kannst du dich an deine Hausbank wenden, die Banken selber googeln oder einen Finanzierungsvermittler fragen.

Wenn man in Zukunft viele Objekte kaufen will, dann sollte man der Bank das sagen. Wenn die Bank merkt, dass du an einer längerfristigen Zusammenarbeit interessiert bist und sie viele Geschäfte mit dir in Zukunft machen kann, dann wird sie dir mehr Aufmerksamkeit und Priorität widmen.

Schreib das ruhig in deine erste E-Mail.

Die Hausbank ist für die meisten der erste Weg. Mit der Hausbank arbeitet man teilweise schon Jahrzehnte zusammen und die Hausbank kennt das eigene Finanzprofil in- und auswendig. Sie kennen deine

Banktransaktionen und deine Kreditwürdigkeit. Sie haben eine Kredithistorie.

Somit hast du bei der Hausbank den großen Pluspunkt der langjährigen Geschäftsbeziehungen. Bei der Hausbank hast du oft einen Kundenbetreuer und diesen kannst du einfach bezüglich einer Immobilienfinanzierung anrufen. Entweder wird er dir direkt helfen oder dir den richtigen Ansprechpartner nennen.

Als Nachteil gibt es oft das Regionalprinzip. Banken finanzieren in der Regel nur Objekte in ihrer Region. Manchmal machen sie am Anfang noch Ausnahmen, später aber nicht mehr.

Ich selbst habe damals meine ersten drei Objekte bei meiner Hausbank, Sparkasse Braunschweig, zu 110 % finanziert, obwohl die Objekte außerhalb des Einzugsgebietes lagen. Das war sozusagen der Bonus für die langjährige Geschäftsbeziehung.

Danach musste ich mir aber neue Banken suchen. Das ging einfach per Google. Das ist zeitgleich für mich der wichtigste Punkt für neue Finanzierungspartner.

Sicherlich ist das ein großer Aufwand, aber den macht man nur einmal und er lohnt sich immens. Beispielsweise habe ich Ende 2017 eine Bank gefunden, die mir auf Anhieb eine 100%-Finanzierung zu 1,2 % Zinsen trotz Steuerausländer anbot. Jackpot.

Laut Statista gibt es in Deutschland 1.880 Banken mit einer Bilanzsumme von 7,71 Billionen Euro. Demnach gibt es sehr viele Player im Markt und alle wollen Geld verdienen.

Norman Argubi hat in seinem Finanzierungsbuch geschrieben, dass alle Banken ihre eigenen Regeln und Konditionen haben. Ich habe dieselben Erfahrungen gemacht. Die Sparkasse Hannover hat andere Konditionen als die Sparkasse Hildesheim, obwohl nur 35 km dazwischenliegen.

Somit kann es sein, dass dir eine Bank eine Absage und eine andere Bank in der gleichen Strasse eine Zusage erteilt.

Daher ist es extrem wichtig, nach dem Gießkannenprinzip vorzugehen beziehungsweise das Gesetz der großen Zahlen zu beachten. Vielleicht bekommst du drei Absagen von drei verschiedenen Banken in Folge, aber am Ende bekommst du zehn Zusagen bei 100 angefragten Banken.

Genauso war es bei mir. Ich hatte mich an einem Abend im Frühling 2017 hingesetzt und mir alle Sparkassen und Volksbanken in Sachsen rausgesucht, da meine Immobilien in Sachsen waren.

Ich hatte an diesem Abend innerhalb von drei Stunden alle 100 Banken in Sachsen angeschrieben und in den folgenden Wochen Antworten erhalten. 90 % der Banken sagten mir auf Grund von Steuerausländer und Wohnimmobilienkreditrichtlinie sofort ab, aber es blieben 10 Banken hängen.

Von diesen 10 Banken boten mir 7 Banken schlechte Konditionen (unter 100 % Beleihung) und drei Banken boten mir 100 % und 110 % Beleihung an.

Somit hatte ich von einen Tag auf den anderen mit wenigen Stunden Arbeit drei neue Banken, welche mich gerne finanzieren. Seitdem habe ich 16 Wohneinheiten allein über diese neuen Banken finanziert und es ist kein Ende in Sicht.

Wenn ihr also am Aufgeben seid, weil ihr keine Bank findet, dann hinterfragt euch nochmal kritisch. Wenn ihr keine 100 Banken angeschrieben habt, dann fehlen euch einfach die Motivation und der Drive zum Erfolgreich sein. Und 100 Banken anschreiben geht dank „copy + paste" ziemlich einfach.

Der dritte Weg für neue Bankkontakte geht über den Finanzierungsvermittler. Dieser hat Kontakte zu verschiedenen Banken und hilft Interessenten, die richtige Bank zu finden.

Die Finanzierungsvermittler bekommen ihre Provision von der Bank und sind für euch kostenlos. Allerdings weiß ich nicht, ob die Bank diese Provision in ihren Zins einpreist.

Der Finanzierungsvermittler weiß, welche Dokumente man braucht, welche Bank welche Finanzierungen macht und wie der Prozess abläuft. Dabei gibt es große und deutschlandweite Vermittler, aber auch regionale Vermittler. Gern könnt ihr mich kontaktieren, dann gebe ich euch meine Kontakte weiter.

Was zeichnet eine gute Bank aus?

Alle Banken haben unterschiedliche Konditionen, andere Prozesse, teilweise das Regionalprinzip und unterschiedlich gut motivierte Mitarbeiter.

Somit gibt es drei Eckpunkte, welche für mich entscheidend für eine gute Bank sind - Geschwindigkeit, Konditionen und Transparenz.

Als ersten Punkt gehe ich auf die Geschwindigkeit ein, denn die Bearbeitungsgeschwindigkeit der Bank ist für mich der allerwichtigste Punkt.

Die lukrativen Immobilien sind meist nur kurze Zeit verfügbar, oft nur zwei oder sogar eine Woche. Daher ist es essentiell, dass eine Bank dir schnell eine Finanzierungszusage geben kann und nicht erst zwei oder drei Wochen Bearbeitungszeit hat.

Beispielweise habe ich drei Mehrfamilienhäuser verloren, weil meine Bank damals zwei Wochen brauchte, um mir eine Finanzierungszusage zu geben, obwohl ich alle Dokumente gut aufbereitet und am ersten Tag zur Verfügung gestellt hatte.

Danach hat meine Bank eingesehen, dass sie mir Priorität einräumen muss und gibt mir nun innerhalb von 48 Stunden eine Zu- oder Absage.

Mit dieser Finanzierungszusage, unter Vorbehalt, hat man beim Verkäufer und Makler viel bessere Chancen und kann sehr viele Konkurrenten ausstechen. Schließlich will niemand lange Hängepartien oder Absagen nach einem langen Prozess.

Manchmal bekommt man die schnelle Bearbeitungszeit und Priorität nicht sofort, sondern erst nach ein bis zwei Deals. Also wenn man in der Gunst der Bank aufgestiegen ist. Außerdem weiß es die Bank zu schätzen, wenn man selber professionell arbeitet und immer alle Dokumente schnell und gut aufbereitet verfügbar hat.

Der zweite Punkt sind gute Konditionen. Für manche ist dies sogar der wichtigste Punkt. Sie vergleichen eine Bank nach der anderen und benutzen verschiedene Onlinerechner.

Dabei ist für mich weniger der genaue Zinssatz wichtig, als die Beleihungsausläufe. Ich nehme lieber 2 % Zins mit einer 110%-Finanzierung, als 1,5 % Zins für eine 100%-Finanzierung.

Jeder muss selber wissen, was für ihn wichtig ist und welche Konditionen er als gut ansieht. Danach kann man die Banken vergleichen.

Je mehr Banken man im Portfolio hat, desto besser werden die Konditionen. Die Banken sehen sich mehr Konkurrenz gegenüber und bieten dir bessere Konditionen, als wenn du beispielsweise nur bei der Hausbank finanzierst.

Als dritter Punkt ist für mich die Transparenz der Bank sehr wichtig. Es bringt mir nichts, wenn mir die Bank irgendwelche Deals aufdrücken will, die für mich nachteilig sind.

Außerdem soll mir die Bank sagen, wenn sie ein von mir vorgestelltes Objekt schlechtfindet. Manchmal hat die Bank andere Informationen über die Immobilie als ich selber. Wenn mir die Bank das sagt, kann sie mich sogar vor einem Fehlkauf schützen.

Beispielsweise schrieb mir eine Bank zu einem Objekt Folgendes:

„Ich habe mir die Immobiliendaten mal angeschaut und auch die Bilder gesehen.

Insgesamt spricht dafür, dass es eine gute Rendite hat.

Dagegen spricht die Lage der Immobilie, da diese direkt an der Bahnstrecke liegt und daneben ein Gewerbegebiet anschließt.

Hier denken wir, dass bei Auszug von Mietern schlecht Nachfrage für eine Neuvermietung vorhanden ist, da es dazu bessere Wohnungen mit besseren Lagen in der Umgebung gibt.

Wie möchte wir hier weiter verfahren?"

Ich habe mich bei meiner Bank für die Einschätzung bedankt und das Objekt abgesagt.

Zusätzlich kann dir die Bank sagen, bis wohin sie dich finanziert und wie du bessere Konditionen bekommen kannst. Die Bank kann dir sagen, wie sie deine Bonität bewertet und wie du im gemeinsamen Interesse eine Verbesserung herbeiführen kannst.

Außerdem klärt dich eine transparente Bank über ihre Konditionen, Sondertilgung, Fördermöglichkeiten (KfW-Kredite) und ihre Gebühren auf. Gerade bei gewissen Finanzierungskonstrukten kann es versteckte Kosten geben.

Als letztes bekommt man einen Eindruck über die Kommunikation. Muss man für jeden Kleinkram vor Ort antanzen oder kann man alles über Fernabsatz per E-Mail oder Anruf machen? Gerade beim Kaufen der Immobilien in der Ferne ist das ein sehr wichtiger Punkt.

Und gleich vorweg: Ja, es geht alles von zuhause aus. Selbst die Authentifizierung ist über das Internet, Webcam und Personalausweis möglich. Das habe ich bei meiner letzten Bank genauso machen können.

Mein Risikomanagement

Grundsätzlich gibt es immer Personen, die meine Immobilien- und vor allem Finanzierungsstrategie sehr ambitioniert oder risikoreich sehen. Das mag sein. Wie ich oben geschrieben habe, sind meine Ziele sehr groß und für deren Realisierung kommt man nicht mit einem 08/15-

Weg voran. Ich habe keine Lust, erst mit 60 finanziell frei zu sein. Ich möchte das mit 38 sein.

Daher kann ich mich nicht auf den risikolosen bzw. viel risikoärmeren Weg mit einer Immobilie pro Jahr und einer 60%-Finanzierung verlassen. Ich benötige mehr Rendite und lege ein schnelleres Tempo vor. Mehr Rendite heißt aber immer auch mehr Risiko. Ich bevorzuge diesen risikoreicheren Weg, wenn ich damit profitabler bin und meine Ziele schneller erreiche.

Natürlich versuche ich mich trotzdem vor Risiken zu schützen. Das Wichtigste dafür ist, das Risiko zu kennen und eine gute Risikoanalyse durchzuführen. Wenn man die Risiken kennt, kann man sich darauf vorbereiten und im Falle des Falles gegensteuern.

Sicherlich kann immer der Schlimmste alle Fälle eintreten. Die Weltwirtschaft oder das Finanzsystem können zusammenbrechen. Im schlimmsten Fall gehe ich pleite und sieben Jahre in die Privatinsolvenz. Das ist aber kein Weltuntergang. Ich muss dann weder hungern noch unter der Brücke schlafen. Das ist ok für mich, das könnte ich verkraften. Dann hätte ich es wenigstens versucht und nehme einen neuen Anlauf.

Allerdings ist dieses Szenario sehr unwahrscheinlich. Ich lasse es gar nicht erst soweit kommen und beschäftige mich mit den Themen. Daher stellten mir viele Leser auf meinen Blog Fragen zum Risikomanagement und ich konnte mich mit den Themen ausführlich beschäftigen und diese Fragen beantworten.

Frage 1: Welche Formen des Risikomanagements habe ich bei meinen Wohnungen gewählt?

Der wichtigste Punkt ist, sich eine Strategie zurechtzulegen und grundsätzlich an ihr festzuhalten. Eine Strategie, die ebenfalls ein Risikomanagement hat. Man kann sich am Anfang sehr viel Wissen aneignen und sich im Prozess ständig fortbilden. Denn auch hier heißt der Schlüssel zum Erfolg: Wissen ist Gold wert.

Je mehr Wissen ich mir aneigne, desto besser verstehe ich die Materie und kann auf Probleme reagieren beziehungsweise viele Probleme schon vorher ausschließen. Dazu gehört auch, dass man sich viel mit den Erfahrungen der anderen Investoren auseinandersetzt.

Immobilieninvestments sind kein neues Thema. Viele beschäftigen sich damit, haben Fehler gemacht, Lösungen gefunden und diese publiziert. Davon kann man lernen und seine Strategie anpassen.

Wenn man klein anfängt und Erfahrungen sammelt, bekommt man ein besseres Gefühl und weiß die Lage besser einzuschätzen. Wie läuft der Kaufprozess? Wie ist die Verwaltung? Wie schläft es sich mit einem Schuldenberg? Wenn man diese Erfahrungen gemacht hat, kann man danach weiter kaufen, größer werden und ambitioniertere Projekte probieren.

Ein zweiter Punkt ist die Diversifizierung. Ich habe meine Wohnungen in verschiedenen Häusern und verschiedenen Stadtteilen. Dadurch minimiert man das Risiko. Wenn in einem Haus das Dach kaputt geht, dann werden die Kosten unter den Eigentümern geteilt und ich habe nicht das Problem, dass alle meine Wohnungen betroffen sind.

Beispielsweise kann ich mir mit 120.000 € eine große Wohnung oder drei kleine für jeweils 40.000 € kaufen. Wenn ich in der großen Wohnung Probleme mit dem Mieter oder Reparaturen hätte, dann ist das viel kritischer, als wenn ich Probleme in einer der kleineren

Wohnungen hätte. Das ist einfache Risikostreuung und Vermeidung vom Klumpenrisiko.

Ein dritter Punkt ist das ausschließliche Kaufen von rentablen Immobilien. Es werden weder Steuersparmodelle, Potentialwohnungen oder sonstiges gekauft. Alle Wohnungen tragen sich selbst und werfen Überschuss ab. Meine Wohnungen sollen anfangs alle die Promillegrenze erreichen. Siehe das Kapitel Cashflow-Immobilie.

Beispielsweise bringen meine Wohnungen im Durchschnitt monatlich 300 € Kaltmiete, so kann ich bei sechs Wohnungen den Ausfall einer siebten Wohnung tragen, ohne eigenes Gehalt zuschießen zu müssen. Das wäre eine eingebaute Ausfallabsicherung von rund 15 %.

Als letzter Punkt kommt meine sehr gute Bonität ins Spiel. Ich habe pro Monat 2.000 € - 3.000 € für Immobilien übrig. Dieses Geld investiere ich in neue Immobilien. Sollte ich mal Probleme mit meinen Bestandsimmobilien haben, dann pumpe ich dieses Geld stattdessen in die Lösung der Probleme. Bei durchschnittlich 300 € Kaltmiete müssten schon sechs Wohnungen gleichzeitig ausfallen, um mich in Schwierigkeiten zu bringen. Und mit jeder weiteren gekauften Immobilie steigt mein Einkommen und ich werde unabhängiger.

Frage 2: Wie gehst du mit Mietnomaden um? Wie gehst du mit Leerstand und Mietausfall um?

Dieses Risiko ist vorhanden, kann aber minimiert werden. Sicherlich kann man immer Pech haben, aber durch eine kluge Mieterauswahl mit Vorvermieterbescheinigung, Arbeitsvertrag, Schufa-Auskunft und Verkäuferbescheinigung im Notarvertrag kann man das Risiko eindämmen.

Außerdem kannst du bei der Auswahl des Mieters sehr gut selektieren. Sollte dir der Mieter die Wohnung zerstören, ist das teuer und ärgerlich, aber bei weitem kein Existenzproblem. Man kann eigentlich jede Wohnung für 10.000 € – 20.000 € wieder komplett in Schuss bringen.

Bis auf meine zweite Wohnung sind alle Wohnungen im positiven Cashflow. Für die Instandhaltung bilde ich, neben der WEG mit dem Hausgeld, noch eine eigene Rücklage von meiner Nettorendite. Somit kann ich schnell auf Reparaturen und Sonderumlagen reagieren.

Einen Mietpool und Mietversicherungen finde ich dagegen Geldverschwendung. Da lege ich das Geld lieber selber auf meinem privaten Konto an und kann unkompliziert darauf zurückgreifen. Falls ich es nicht brauche, kann ich es für andere Zwecke gebrauchen.

Frage 3: Was machst du, wenn Sachen kaputtgehen und du reparieren musst?

Ich habe in einigen Büchern gelesen, dass man 0,5 € pro qm^2 und pro Monat zurücklegen soll. Daraus ergeben sich 6 € pro qm^2 pro Jahr. Bisher fahre ich ganz gut damit.

Allerdings hatte ich noch keine großen Reparaturen und dadurch füllt sich mein Instandhaltungskonto sehr gut auf. Dazu kommt, dass die WEG ebenfalls für Reparaturen am Gemeinschaftseigentum (Dach, Fassade, Heizung, usw.) eine Instandhaltungsrücklage bildet.

Dadurch steigt der Wert der Rücklage auf ungefähr 10 €/qm^2 im Jahr. Bisher war das eine gute Entscheidung. Sollte ich in den nächsten Jahren Probleme damit bekommen, kann ich die Rücklage jederzeit aus dem laufenden Cashflow erhöhen.

Dazu kommt eine Kleinreparaturklausel in allen Mietverträgen. Bisher hatte ich einige kleine Reparaturen in meinen Wohnungen. Oft fielen diese unter die Kleinreparaturen und wurde vom Mieter komplett bezahlt. In neuen Verträgen baue ich die Grenze von 120 € monatlich für Kleinreparaturen ein, das fängt einiges ab.

Frage 4: Was machst du, wenn die Bank eine Nachbesicherung will? Beispielsweise wegen Wertverlust?

Dieses Argument höre ich immer wieder und ich weiß nicht, worauf es fußt.

Erstens gibt es keinerlei Indizien, warum es einen Wertrückgang geben sollte. Schließlich kaufe ich leicht vermietbare Wohnungen in einer wachsenden Stadt.

Zweitens habe ich den Großteil meiner Wohnungen unter Wert gekauft. Die Bank sagte mir bereits, dass sie die Wohnungen wertvoller einschätzt als den Betrag, den ich dafür bezahlt habe. Der Wert ist höher als der Kredit, den ich dafür habe. Sollten die Wohnungen im Wert fallen, was ich nicht glaube, habe ich einen Puffer zum Kredit.

Teilweise bis zu 20 % Puffer. Das lässt mich ruhig schlafen. Mittlerweile habe ich in den meisten Wohnungen die Miete erhöht, somit ist der Wert in diesen Wohnungen zusätzlich gestiegen. Bei kleinen Wohnungen gehen Banken oft nach der nach Ertragswertmethode vor. Steigt der Ertrag, steigt der Vermögenswert.

Sollte ich doch mal Probleme mit Wertverlust bekommen, kann man sowas immer etwas im Voraus absehen. Das kommt nicht von heute auf morgen. Und dann kann ich mich mit dem Thema intensiver beschäftigen.

Frage 6: Was machst du, wenn die Zinsen steigen? Beispielsweise bei einer Anschlussfinanzierung?

Mittlerweile habe ich ein Immobilienportfolio von über einer Million Euro. Durch meine hohen Finanzierungen habe ich außerdem über eine Million Schulden und zahle einen Haufen an Kreditzinsen.

Daher werde ich oft gefragt, was ich mache, wenn die Zinsen steigen und ob ich keine Angst habe. Vor allem, weil ich immer nur 5 Jahre Zinsbindung gewählt habe.

Die Antwort ist: Ich bleibe ruhig und lasse mich davon nicht beeindrucken. Ich habe durch die Art meiner Immobilien und die Art meiner Zinsbindungen gut gegen steigende Darlehenszinsen vorgesorgt. Sowohl der Einkauf unter Marktwert, siehe weiter oben, als auch die hohen Renditen und meine Bonität schützen mich vor größeren Problemen.

Das Thema der steigenden Baukreditzinsen macht einige Investoren und Immobilienanfänger ziemlich wuschig.

Ständig geistert dieses Gespenst zusammen mit der angeblichen Immobilienblase durch die Medien, Foren und Facebook-Gruppen.

Aus Angst davor fragen sich die Junginvestoren oft, ob sie nicht lieber mehr Eigenkapital mitbringen, höher tilgen oder länger finanzieren sollen.

Sicherlich sind alle drei Punkte sehr gute Mittel für das Risikomanagement und der Schutz gegen steigende Zinsen. Gerade in den Medien und von den Banken wird die lange Zinsbindung als Allheilmittel gegen steigende Zinsen gepriesen.

Dass damit die Flexibilität extrem eingeschränkt und der Cashflow stark dezimiert wird, verschweigen sie gerne. Ich selbst bin dagegen ein Freund von möglichst kurzen Zinsbindungen.

Außerdem habe ich sehr hohe Darlehensausläufe, da ich schnell wachsen und somit wenig Eigenkapital einsetzen möchte. Also immer 100%- oder 110%-Finanzierung.

Somit fallen für mich die oben genannten Punkte als Schutz gegen steigenden Zinsen aus.

Warum kann ich trotzdem so ruhig bleiben?

Als allerersten muss man verstehen, warum es für die Darlehen des Investors ein Problem sein kann, wenn die Zinsen steigen. Weil pauschal passiert erstmal gar nichts. Die Zinsrate ist fest vereinbart. Das Thema wird erst bei der Anschlussfinanzierung relevant.

Im schlimmsten Fall will die Bank eine Nachbesicherung, weil steigende Zinsen oft mit fallenden Immobilienpreisen zusammenhängen. Dazu habe ich weiter oben schon etwas geschrieben.

Bei der Anschlussfinanzierung wird mit der Bank eine neue Finanzierung vereinbart. Dies beinhaltet eine neue Zinsbindung, einen neuen Zins und eine neue Tilgung. Wenn die Zinsen generell gestiegen sind, dann wird die Bank für den neuen Kredit ebenfalls höhere Zinsen verlangen.

Für diesen neuen Kredit schaut sich die Bank deine Bonität an und prüft, ob du dir den Kredit mit den gestiegenen Zinsen leisten kannst. Also das gleiche

Procedere wir bei der anfänglichen Finanzierung bei Immobilienerwerb.

Dafür rechnet die Bank eine gewisse Stressannuität und stellt sie den Mieteinnahmen gegenüber. Sollte diese Stressannuität die Mieteinnahmen übersteigen, schaut die Bank, ob du die Differenz mit deinem normalen Arbeitseinkommen decken kannst.

Die Stressannuität meiner Bank liegt beispielsweise bei 6,1 % Zins zuzüglich Tilgung. Da ich in der Regel 2 % Tilgung habe, liegt die Stressannuität bei 8,1 %. Diese wird den Mieteinnahmen gegenübergestellt. Allerdings macht die Bank noch einen Abschlag und rechnet nur 75 % der Kaltmiete an.

Als Beispiel können wir die Berechnung zu meiner ersten gekauften Wohnung nehmen.

	ursprüngliches Darlehen	Darlehen nach 5 Jahren	Stressannuität in Prozenz	Stressannuität in Euro	Kaltmiete	75% Kaltmiete	Differenz
ETW1	€ 55'285	€ 49'730	8.1%	€ 4'028	€ 3'900	€ 2'925	€ -1'103
MFH1	€ 233'000	€ 197'030	8.1%	€ 15'959	€ 23'340	€ 17'505	€ 1'546

Ich hatte eine 110%-Finanzierung und ein Darlehen von 55.285 €. Nach dem Auslaufen der fünf Jahre Zinsbindung habe ich noch eine Restschuld von 49.730 €. Eine Annuität von 8,1 % auf diese Restschuld wäre 4.028 €.

Dem gegenüber steht eine Kaltmiete von 3.900 €. Davon macht die Bank einen Abschlag von 25 % und somit stehen 2.925 € Einnahmen den 4.028 € Kredit gegenüber. Ich habe also eine Jahresdifferenz von 1.103 €. Die Bank prüft, ob ich diese 1.103 € aus meinem Arbeitseinkommen stemmen kann und gibt mir im positiven Fall den Kredit.

Bei derselben Berechnung für mein Mehrfamilienhaus sieht die Berechnung positiv aus und die Bank könnte mir den neuen Kredit komplett auf die Immobilie abstellen.

Diese Berechnung ist allerdings sehr extrem, da sie von einem Zinssatz von 6,1 % und einer Tilgung von 2 % ausgeht. In der Realität werden die Zinsen nicht auf 6,1 % ansteigen. Zumindest gehe ich nicht davon aus.

Also ist die Frage, bis zu welchem Zins die Kreditzinsen ansteigen dürfen, sodass meine Immobilien noch im Cashflow positiv bleiben. Also wie groß ist der Puffer, bis wohin ich nicht für meine Immobilien draufzahlen muss.

In der folgenden Tabelle findet ihr die Zinsen, welche ich für meine einzelnen Immobilien stemmen könnte, wenn morgen die Anschlussfinanzierung nötig wäre. Manche Immobilien halten 1,8% aus, andere 6,33 %.

Wohnung	Kredit zum 28.02.2018	Warm miete	Hausgeld	Eigene IHR	Annuität	Tilgung	Zinsen	Zinsen in Prozent	Cashflow
ETW 1	53'215 €	403 €	138 €	19 €	245 €	89 €	157 €	3.53%	0 €
ETW 2	47'096 €	370 €	179 €	24 €	167 €	78 €	88 €	2.25%	0 €
ETW 3	39'683 €	375 €	131 €	21 €	223 €	66 €	157 €	4.75%	0 €
ETW 4	30'698 €	295 €	96 €	17 €	182 €	51 €	131 €	5.13%	0 €
ETW 5	47'059 €	398 €	226 €	22 €	150 €	78 €	72 €	1.83%	0 €
ETW 6	77'062 €	525 €	156 €	26 €	343 €	128 €	214 €	3.34%	0 €
ETW 7	31'990 €	320 €	108 €	16 €	195 €	53 €	142 €	5.32%	0 €
ETW 8	49'798 €	525 €	173 €	26 €	326 €	83 €	243 €	5.85%	0 €
ETW 9	41'056 €	347 €	153 €	18 €	176 €	68 €	108 €	3.15%	0 €
ETW 10	225'940 €	1'967 €	730 €	144 €	1'093 €	377 €	717 €	3.81%	0 €
ETW 11	64'591 €	576 €	257 €	38 €	281 €	108 €	174 €	3.22%	0 €
ETW 12	88'659 €	766 €	347 €	43 €	376 €	148 €	228 €	3.09%	0 €
ETW 13	45'324 €	547 €	276 €	38 €	234 €	76 €	158 €	4.20%	0 €
MFH1	232'356 €	2'380 €	595 €	172 €	1'614 €	387 €	1'226 €	6.33%	0 €
Gesamt2	1'074'528 €	9'794 €	3'565 €	623 €	5'606 €	1'791 €	3'815 €	3.99%	0 €

Allerdings muss man die Berechnung in der Tabelle noch weiter anpassen, da die aktuellen Darlehen noch einige Jahre laufen und dann erst die Anschlussfinanzierungen fällig werden.

In der nächsten Tabelle seht ihr die Zinsen, welche meine Immobilien aushalten, wenn die Zinsbindung ausläuft und die Immobilien einen niedrigeren Darlehensrestwert haben.

Der durchschnittliche mögliche Zins steigt von 3.99 % auf nun 4.55 % Zins an.

Wohnung	Kredit zum 28.02.2018	Warm miete	Hausgeld	Eigene IHR	Annuität	Tilgung	Zinsen	Zinsen in Prozent	Cashflow
ETW 1	49'730 €	403 €	138 €	19 €	246 €	83 €	163 €	3.93%	0 €
ETW 2	44'012 €	370 €	179 €	24 €	167 €	73 €	94 €	2.55%	0 €
ETW 3	37'084 €	375 €	131 €	21 €	223 €	62 €	161 €	5.21%	0 €
ETW 4	28'960 €	295 €	96 €	17 €	182 €	48 €	134 €	5.56%	0 €
ETW 5	44'830 €	398 €	226 €	22 €	150 €	75 €	75 €	2.02%	0 €
ETW 6	64'057 €	525 €	156 €	26 €	343 €	107 €	236 €	4.43%	0 €
ETW 7	30'205 €	320 €	108 €	16 €	195 €	50 €	145 €	5.76%	0 €
ETW 8	47'019 €	525 €	173 €	26 €	326 €	78 €	247 €	6.31%	0 €
ETW 9	38'825 €	347 €	153 €	18 €	176 €	65 €	112 €	3.45%	0 €
ETW 10	202'057 €	1'967 €	730 €	144 €	1'093 €	337 €	756 €	4.49%	0 €
ETW 11	61'049 €	576 €	257 €	38 €	281 €	102 €	179 €	3.53%	0 €
ETW 12	79'444 €	766 €	347 €	43 €	376 €	132 €	243 €	3.68%	0 €
ETW 13	40'545 €	547 €	276 €	38 €	234 €	68 €	166 €	4.93%	0 €
MFH1	197'030 €	2'380 €	595 €	172 €	1'614 €	328 €	1'285 €	7.83%	0 €
Gesamt2	964'847 €	9'794 €	3'565 €	623 €	5'606 €	1'608 €	3'998 €	4.55%	0 €

Selbst diese Werte sind noch sehr konservativ, wenn man bedenkt, dass im Laufe der Zeit Mieterhöhungen dazukommen und dadurch eine höhere Annuität gezahlt werden könnte.

Was passiert aber, wenn die Bank wirklich auf die Stressannuität mit 6,1 % Zins gehen würde?

Aus der folgenden Tabelle ist ersichtlich, dass dann alle Objekte bis auf eine Wohnung und das Mehrfamilienhaus im Cashflow negativ wären. Ich müsste pro Monat 907 € draufzahlen.

Wohnung	Kredit zum 28.02.2018	Warm miete	Hausgeld	Eigene IHR	Annuität	Tilgung	Zinsen	Zinsen in Prozent	Cashflow
ETW 1	49'730 €	403 €	138 €	19 €	336 €	83 €	253 €	6.10%	-90 €
ETW 2	44'012 €	370 €	179 €	24 €	297 €	73 €	224 €	6.10%	-130 €
ETW 3	37'084 €	375 €	131 €	21 €	250 €	62 €	189 €	6.10%	-27 €
ETW 4	28'960 €	295 €	96 €	17 €	195 €	48 €	147 €	6.10%	-13 €
ETW 5	44'830 €	398 €	226 €	22 €	303 €	75 €	228 €	6.10%	-153 €
ETW 6	64'057 €	525 €	156 €	26 €	432 €	107 €	326 €	6.10%	-89 €
ETW 7	30'205 €	320 €	108 €	16 €	204 €	50 €	154 €	6.10%	-9 €
ETW 8	47'019 €	525 €	173 €	26 €	317 €	78 €	239 €	6.10%	8 €
ETW 9	38'825 €	347 €	153 €	18 €	262 €	65 €	197 €	6.10%	-86 €
ETW 10	202'057 €	1'967 €	730 €	144 €	1'364 €	337 €	1'027 €	6.10%	-271 €
ETW 11	61'049 €	576 €	257 €	38 €	412 €	102 €	310 €	6.10%	-131 €
ETW 12	79'444 €	766 €	347 €	43 €	536 €	132 €	404 €	6.10%	-160 €
ETW 13	40'545 €	547 €	276 €	38 €	274 €	68 €	206 €	6.10%	-40 €
MFH1	197'030 €	2'380 €	595 €	172 €	1'330 €	328 €	1'002 €	6.10%	284 €
Gesamt2	964'847 €	9'794 €	3'565 €	623 €	6'513 €	1'608 €	4'905 €	6.10%	-907 €

Mein aktueller Haushaltsüberschuss von meinem Angestelltenjob ist 2.956 € monatlich. Ich könnte also die 907 € locker aus meinem Angestelltenjob bezahlen. Meine Einnahmen aus dem Blog und P2P sind noch nicht mal mitgerechnet.

Ihr seht also, es müsste schon die halbe Welt untergehen, bevor meinem Portfolio etwas passieren würde. Warum ist das so?

Der erste Faktor ist der Cashflow der Immobilie. Ich kaufe immer eine Immobilie mit hoher Rendite, also Immobilien, welche ein gutes Kaufpreis-Kaltmiete-Verhältnis haben. Dadurch lässt sich schon eine Menge abfedern.

Wie oben beschrieben, lässt sich dadurch beispielsweise das Verdoppeln meines aktuellen Durchschnittzinses von 2 % auf ein Zinsniveau von 4,55 % aushalten. Also schon eine ganze Menge.

Der zweite Faktor ist meine gute Bonität und die Haushaltsrechnung. Durch mein hohes Einkommen kann ich einen weiteren Anstieg der Zinsen aushalten.

Somit kann ich sagen, dass sowohl der Einkauf guter Renditeimmobilien als auch meine gute Bonität mich ruhig schlafen lassen, wenn die Darlehenszinsen ansteigen.

Somit haben wir einen weiteren Grund, warum du immer auf guten Cashflow einer Immobilie und auf eine gute Bonität achten solltest. Aus Gründen des Risikomanagements.

Als dritten Grund gibt es außerdem immer die Möglichkeit eines Forward-Darlehens, wenn die Zinsen steigen und alle Stricke reißen. Dies soll aber nicht Inhalt des Buches sein.

Frage 7: Was machst du, wenn die Immobilienblase platzt?

Erstens sehe ich keine Blase und zweitens würde es zuerst viele andere Immobilienkäufer betreffen.

Und zwar die, die ihr Eigenheim am A**** der Welt zu erdrückenden Konditionen gekauft haben. So wie die Immobilienkrise 2008 in den USA entstanden ist. Die Leute haben Schrottimmobilien gekauft und mit Krediten hoch beliehen. Während der Zinsbindungsfrist haben die Banken den Kunden gesagt, dass ihre Immobilie immer mehr wert ist und sie die Immobilie nachbeleihen können. Also zusätzliches Geld aus der Immobilie ziehen und beispielsweise in ein neues Auto stecken können.

Als die Finanzlage immer kritischer und die Kredite immer notleidender wurden, haben die Banken den Kunden gesagt, dass ihre Immobilien Schrott sind und die Bank mehr Sicherheiten haben will. Also zusätzliches

Eigenkapital und höhere Kreditraten. Das konnten die Leute nicht bezahlen, also gingen sie in die Zwangsversteigerung und Insolvenz.

Das Gleiche gilt für Leute, die ihren Job verlieren und damit den Kredit für ihre eigene Immobilie nicht mehr bezahlen können. Wenn ich meinen Job verliere, zahlen sich die Kredite trotzdem von selber durch die Mieter ab. Ich gerate nicht sofort in Probleme.

Sollte es also eine wirtschaftliche Krise geben, sehe ich dem gelassen entgegen. Wenn sich meine jetzigen Mieter meine 2-Zimmerwohnungen nicht mehr leisten können, dann können sich die Mieter von 3-Zimmerohnungen auch nicht mehr ihre Mieten leisten. Dann rutscht das 3-Zimmer-Klientel ein Level tiefer in meine 2-Zimmerwohnungen. Es verschieben sich einfach die Schichten und ich habe andere Mieter. Das ist das gute an 1- bis 2-Zimmerwohnungen. Dafür findet man immer Mieter.

Sollte es also zu einer Krise kommen, dann haben wirklich alle in der Welt Probleme, aber die mit Immobilien ein bisschen weniger.

Verwaltung vom Schreibtisch zuhause

Ein wichtiger Erfolgsfaktor für den Aufbau eines großen Vermögens ist das Ergreifen von Gelegenheiten. Diese Gelegenheiten sind allerdings oft zeitlich und geografisch weit verstreut.

Was meine ich damit?

Wenn du als Immobilieninvestor starten willst und in München wohnst, dann wirst du dort vor der Haustür keine rentablen Immobilien finden. Dafür sind die Renditen viel zu niedrig. Du müsstest dich mit 3 % Rendite zufriedengeben und kannst dadurch nur langsam oder gar nicht wachsen.

Wenn du aber weiter nördlich und östlich schaust, dann sieht die Welt schon wieder ganz anders aus.

Also kann es sehr gut sein, dass du die rentabelsten Investments weit weg von deinem Wohnort findest. Ich selbst wohne beispielsweise in der Schweiz und verdiene dort viel Geld, was für meine Bonität sehr gut ist. Meine

Immobilie kaufe ich aber in Leipzig und Umgebung. Also rund 650 km entfernt.

Einige Investoren sind der Meinung, dass man die Immobilien in seiner eigenen Nähe kaufen muss, um die Immobilien überhaupt managen zu können. Das sehe ich anders. Ich verwalte alle meine Immobilien selber und von zuhause aus. Für die meisten Probleme braucht man sowieso nur E-Mails und Telefon.

Trotzdem höre ich von vielen Anfängern die folgenden Fragen:

„Was machst du, wenn der Mieter Probleme mit der Heizung hat?“

„Wie machst du das, wenn du einen neuen Mieter brauchst?“

„Wie schaust du dir die Wohnungen an, bevor du sie kaufst?“

„Wie unterschreibst du Kreditverträge bei der Bank?“

Oder auch solche „Horror-Stories“ eines Lesers als Kommentar auf meinem Blog:

„Zu denken gibt mir der Bericht eines Arbeitskollegen, der nun die Immobilien seiner Mutter verwaltet, da sie selbst nicht mehr in der Lage dazu ist. Die letzten 10 Jahre ist an den Häusern nichts mehr gemacht worden. Geld ist auch keines für notwendige Renovierungen da *und es wurde Jahrelang keine Nebenkostenabrechnung gemacht. Der Vater war mental einfach nicht mehr in der Lage dazu. Jetzt, nachdem er gestorben ist, ist seine Mutter total überfordert."*

Dazu kann ich nur sagen, dass dies eines meiner geringsten Probleme ist. Als guter Investor will man sein Geld für sich arbeiten lassen und nicht selber Zeit gegen Geld tauschen. Daher würde es für mich nie in Frage kommen, meine Immobilien selber zu verwalten, Nebenkostenabrechnungen zu erstellen, Laminat zu verlegen oder Besichtigungen durchzuführen. Das alles wird gnadenlos an die entsprechenden Dienstleister abgegeben.

Für die Verwaltung von einzelnen Wohnungen gibt es zwei verschiedene Verwaltungen. Die obligatorische Wohnungs-Eigentümer-Gemeinschaft-Verwaltung (WEG-Verwaltung) und die Sonder-Eigentums-Verwaltung (SEV). Je nach Vertrag, übernehmen diese Verwaltungen alles, was es braucht.

Für Besichtigungen von neuen Wohnungen und Häusern schicke ich meinen Gutachter zur Wohnung. Der Gutachter hat erstens mehr Ahnung von Baumaterie und Handwerk als ich und zweitens wird alles immer protokolliert mit Fotos, Eckdaten, anstehenden Reparaturen und Kostenschätzung.

Selbst für das Finden neuer Mieter gibt es Makler, die sich um alles kümmern. Alles in allem geht das Outsourcing wesentlich günstiger und effektiver, als wenn man es selber macht. Diese „Service-Partner“ machen das als ihren Beruf, haben viel Erfahrung und wollen gerne öfter beauftragt werden. Also liefern sie gute Arbeit ab.

Beispielsweise ist die durchschnittliche Kaltmiete meiner Wohnungen ungefähr 300 €. Für die Neuvermietung verlangt der Makler zwischen 450 € – 600 €. Bei jeder Neuvermietung bedarf es Vorbereitung (Exposés), Interneteinträge, Besichtigungen, Abnahmen, Protokolle. Da gehen mindestens zehn Stunden Arbeit drauf. Und das ist schon gering geschätzt, da man in diesem Mietsegment nicht gleich den ersten Interessenten nimmt und somit mehrere Besichtigungen durchführen muss.

Wenn ich also zehn Stunden Arbeit aufbringen muss, Anreise und Abreise nicht mal eingerechnet, dann muss ich das immer mit meinen Opportunitätskosten vergleichen. Mit meinem normalen Job verdiene ich weit mehr Geld in diesen zehn Stunden, als das ich Geld sparen könnte, wenn ich die lokalen Verwaltungsarbeiten für die Wohnung selber machen würde.

Das Gleiche gilt für Handwerker. Wenn die Heizung, das Klo oder die Klingel kaputtgeht, kann ich das sowieso nicht reparieren. Dann muss ich auch nicht vorbeischauen, um das zu merken. Dann rufe ich gleich einen Handwerker, der sich darum kümmert. Dem Handwerker gebe ich die Telefonnummer des Mieters, sodass sich die beiden das Problem anschauen und einen Termin für die Reparatur ausmachen konnten.

Von mir brauchte der Handwerker nur die Rechnungsadresse, sodass ich ihm bequem das Geld überweisen kann. Aufwand für mich ist in der Regel fünf Minuten. Ein Telefonat und eine E-Mail. Oft bekomme ich Handwerker von der Verwaltung empfohlen oder google zehn Minuten selbst.

Wenn ein Investor gar keinen Aufwand haben und nur den Mieteingang checken will, dann kann er eine Sondereigentumsverwaltung (SEV) beauftragen. Die kostet monatlich rund 20 € – 25 € pro Wohnung und kümmert sich um alles. Neuvermietung, Kommunikation mit dem Mieter, Beauftragung der Handwerker, usw.

Bisher nutze ich das selber nicht, da ich mit meinen Mietern kaum etwas zu tun habe. Sie sind alle sehr glücklich und es geht selten was kaputt. Wenn mir aber irgendwann ein Mieter zu sehr auf die Nerven geht oder ich mich selbst komplett rausziehen will, dann könnte ich eine SEV nachträglich beauftragen. Allerdings muss man wissen, dass die SEV nicht mit demselben Herzblut dabei ist wie man selber. Es läuft alles langsamer und weniger effizient.

Wenn man dagegen ein komplettes Mehrfamilienhaus hat, ist man völlig frei in der Entscheidung über die Organisation. Wenn man aber weit weg wohnt wie ich, dann würde ich trotzdem eine Verwaltung einschalten. Die kümmert sich um die Kontrollen, Mieteranfragen, Abrechnungen und so weiter. Diese Verwaltung kostet ebenfalls 20 € – 25 € pro Wohnung und wird von mir immer in meine Kalkulationen eingerechnet.

Diese Verwaltung kümmert sich dann auch um den Hausmeisterservice. Manche Verwaltungen haben eigene Hausmeister, andere beauftragen Hausmeisterfirmen. Bei wichtigen Fragen, wie großen Reparaturen, hält die Verwaltung natürlich Rücksprache mit dem Eigentümer. Man kann sowieso vieles in den Vertrag mit der Hausverwaltung reinschreiben und festlegen, was sie alleine machen sollen und was nicht.

Wenn man eine Wohnung kaufen möchte, sollte diese Wohnung vorher angeschaut werden. Der Makler kann schließlich viel ins Exposé schreiben. Aber niemand sagt, dass man die Wohnung selbst besichtigen muss.

Gerade von der baulichen Substanz habe ich als Informatiker keine Ahnung. Man kann die Wohnung sehr gut durch einen unabhängigen Gutachter besichtigen lassen. Dafür habe ich einen eigenen Artikel auf meinem Blog geschrieben.

https://vermietertagebuch.com/gutachter-deutschlandweit-2/

Du siehst, es gibt viele Gründe für das Abtreten von Aufgaben an externe Dienstleister.

Der große Vorteil des Durchführens der Dienstleistungen durch „Fremde" ist das Zeitargument. Wenn ich für diese

Tätigkeit nach Leipzig reisen müsste, würde das locker 1000 € kosten. (1 Tag Urlaub einreichen, Fahrtkosten, Hotel, usw.).

Daher lasse ich das lieber eine Person vor Ort machen, was wesentlich günstiger ist. Die Kosten für diese Dienstleistungen sind sowieso in meine Kalkulation eingerechnet. Sei es in meiner eigenen Instandhaltungsrücklage, den Verwaltungskosten oder der Mietausfallpauschale.

Ein zweiter Vorteil, wenn auch nicht bei allen Dienstleistungen, ist die Professionalität. Der Makler hat viel mehr Erfahrung mit der Vermarktung einer Wohnung als ich. Er hat die Tools, kennt den Markt und die Prozesse für das Finden neuer Mieter.

Mir ist es persönlich nicht wichtig, den Mieter kennen zu lernen. Der Makler macht alle wichtigen Vorab-Checks (Schufa, Lohnausweis, Vormieterbestätigung, Bürgschaft, usw.) und stellt mir die geeigneten Kandidaten vor. Ich sage dann nur noch ja oder nein.

Das Gleiche bei der Verwaltung. Die kümmern sich um Abrechnungen oder um die Kommunikation mit den Dienstleistern (Stadtwerke, Müll, Hausmeister, usw.). Das sollte alles gut laufen und das können die Verwaltungen viel besser als ich.

Der dritte Vorteil, welchen aber viele unterschätzen: Dadurch, dass ich ortsungebunden bin, kann ich mir Wohnungen dort kaufen, wo sie am rentabelsten sind. Viele Käufer und Investoren suchen nur in ihrer Heimat oder an ihrem Wohnort. Dort finden sie aber oft nichts und geben zu schnell auf. Sie denken, sie müssen nahe an ihren Wohnungen wohnen, um alles unter Kontrolle zu haben.

Das kann für einige funktionieren, für mich wäre das nichts. Dadurch war ich nicht auf Immobilieninvestments in der Schweiz angewiesen, sondern konnte dort Objekte suchen, wo es gute Renditen gab. Und Infos zum Standort findet man im Internet kinderleicht.

Der vierte Vorteil, welchen ich aber noch nicht selbst erlebt habe: Wenn der Dienstleister Mist baut (z.B. Fristen verpasst), kann man ihn auf Schadensersatz verklagen. Das ist ab und zu ein Thema bei zu spät erstellten Nebenkostenabrechnungen.

Summa summarum spart mir das alles viel Zeit und ich kann die wichtigsten Sachen per E-Mail oder Telefon machen. Ich muss nie vor Ort sein. Somit kann ich mich von unliebsamen Arbeiten befreien und kann ortsunabhängig arbeiten und leben. Schließlich soll das Ganze auch funktionieren, wenn ich mal ein Jahr am Stück in Südamerika auf Reisen bin.

Natürlich gibt es auch Nachteile, welche hier nicht unerwähnt bleiben sollen. Als Nachteile kann man generell zwei Sachen sehen.

Auf der einen Seite kostet es Geld. Wenn man nichts anderes zu tun hat und keine Opportunitätskosten hat, dann kann man sich selbst um die Verwaltung kümmern und sich das Geld sparen. Das wird aber in den wenigsten Situationen der Fall sein.

Der größere Nachteil ist sicherlich der Verlust von etwas Kontrolle. Wenn ich die Dienstleistungen aus meiner Hand gebe, dann bin ich auf den guten Services des Dienstleisters angewiesen. Für den Dienstleister sind die übertragenen Aufgaben nur „normale“ Arbeit und die macht er weniger motiviert als man selber. Um andere

Sachen kümmert man sich immer mit weniger Herzblut als um die eigenen.

Das sehe ich sehr oft bei der Sondereigentumsverwaltung. Ich habe beispielsweise ein Wohnungspaket übernommen, bei dem zwei Wohnungen leer standen. Diese Wohnungen wurden vom Verkäufer über eine SEV verwaltet. Die SEV hätte sich um die Neuvermietung kümmern sollen. Die hatten aber andere Prioritäten und somit standen sie leer.

Oft sind die Verwaltungen SEV und Makler in einer Person. Sie müssen Arbeit machen, für die sie eh schon pauschal bezahlt werden, daher ist die Motivation gering. Wenn ich aber extra einen Makler beauftrage, dann ist der viel motivierter, weil ich dann als Kunde wahrgenommen werde.

Fazit: Ich glaube, die meisten Investoren nutzen die Fremdverwaltung, da sie sich mit der gewonnenen Zeit um wichtigere Sachen kümmern können. Zum Beispiel das Hochskalieren des eigenen Business, der Akquise neuer Wohnungen oder einfach nur dem Genießen ihres schönen Lebens.

Im privaten Umfeld hat man öfter die Selbstverwaltungen. Entweder weil man nur eine Wohnung hat, bei einem Mehrfamilienhaus im selben Haus wohnt oder Rentner und Kontroll-Freak ist.

Wenn ich alt bin und gesundheitliche Probleme habe, dann werde ich einen Teufel tun, um meine Immobilien selber zu verwalten und mich vielleicht mit Mietern zu plagen. Dann wird alles komplett abgegeben, jemand bezahlt und alle sind zufrieden. Und wenn sich das für fünf Immobilien nicht rechnet, dann muss man eben zehn Immobilien kaufen. Schließlich sollte man anstatt nach Ausreden immer nach Lösungen suchen.

Mein Blog – Vermietertagebuch.com

In den ersten Kapiteln habt ihr einiges an Input zu meiner Strategie des Vermögensaufbaus lesen können. Die beschriebenen „Turbos im Vermögensaufbau" haben mir geholfen, innerhalb von kürzester Zeit mein Immobilienportfolio aufzubauen.

Allerdings ist dieses Wissen nur ein Bruchteil von dem, was für erfolgreiche Immobilieninvestments nötig ist. Es gibt viele weitere Themen im Bereich der

Immobilieninvestments, welche ich aus Platzgründen nicht in diesem Buch beschreiben werde.

Allerdings habe ich zu vielen weiteren Themen Artikel auf meinem Blog geschrieben und dazu viel Feedback in den Kommentaren bekommen.

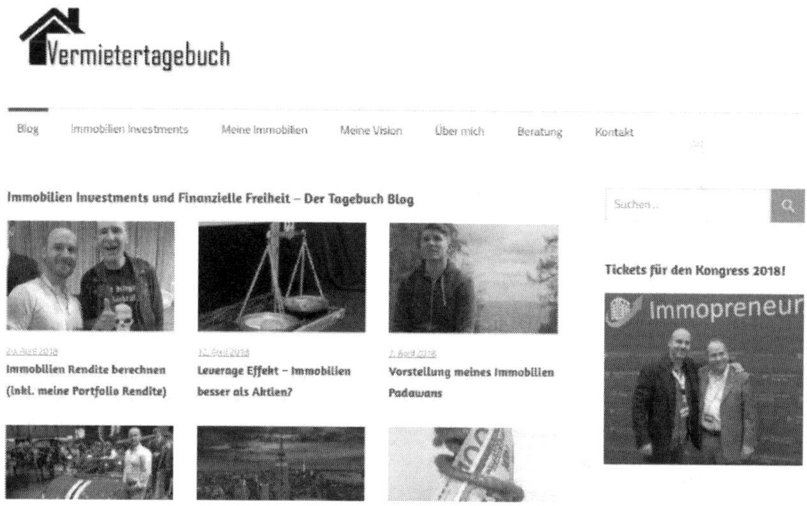

Neben Fachthemen wie „Verwaltungen von Mietzahlungen“, „Warum ich nur 5 Jahre Zinsbindung wähle“ und „Mit diesen 5 Basics erhöhst du deinen Cashflow“, schreibe ich jeden Monat eine Zusammenfassung von meinem Vermieterleben und Statistiken zu meinen Einnahmen durch Immobilien, P2P und den Blog.

Ich schreibe ab und zu über kontroverse Themen wie „Ein neuer Porsche als Investmentbremse?“, „3 Möglichkeiten, wie du von Konsumschulden profitieren kannst!“ und „Plus 75 % Vermögen in einer Nacht?“

All diese Beiträge stehen 24 Stunden auf meinem Blog zur Verfügung und sind kostenlos.

Wenn du also weitere Fragen zu Immobilieninvestments hast, dann schau dich gern auf meinem Blog um und lass dich inspirieren. Für gezielte Fragen kannst du in den entsprechenden Beiträgen kommentieren, mir eine Nachricht schicken oder ein Coaching buchen.

Meinen Blog findest du unter:

https://vermietertagebuch.com/

Außerdem habe ich auf meinem Blog den direkten Link zu meinem Gutachter und meinem Banker. Solltest du also einen Gutachter für eine Besichtigung oder eine Finanzierung in Deutschland benötigen, kannst du die entsprechende Seite auf meinem Blog besuchen und direkt mit meinem Netzwerk Kontakt aufnehmen.

Ich brauche Hilfe bei...

Immobilien Kalkulations Tool

Finanzierung deutschlandweit

Gutachter deutschlandweit

Empfehlung für Vermieter

Coaching und Beratung in Immobilieninvestments

Im Oktober 2017 hatte ich meinen Blog gestartet und seitdem habe ich rund 60 Beiträge und Seiten veröffentlicht. Allesamt stammen sie aus meiner eigenen Erfahrung als Immobilieninvestor und aus dem Kauf von 25 Wohneinheiten.

In dieser Zeit wurde der Blog von vielen Interessenten gelesen und ich habe unglaublich viel Feedback bekommen. Dafür bin ich sehr dankbar! Vor allem die Transparenz und die Nachvollziehbarkeit haben vielen Anfängern geholfen.

Außerdem habe ich im Januar 2017 den Immobilien-Investor-Stammtisch in Zürich ins Leben gerufen und konnte mich dort mit vielen Gleichgesinnten austauschen.

Sowohl der Blog als auch der Stammtisch haben eins gemeinsam - es gibt einen regen Austausch und die Beantwortung vieler Fragen. Sehr gerne beantworte ich die Fragen von Anfängern und diskutiere Immobiliensachverhalte mit anderen Investoren.

Allerdings werden die Fragen immer häufiger und einzelne Anfänger sind extrem wissbegierig. Das kann ich gut nachvollziehen, ich war am Anfang genauso.

Daher kam es vermehrt vor, dass mich einige Investoren nach Beratungen und intensiveren Austausch gebeten haben. Es waren sogar welche dabei, die hatten einen Fragenkatalog von 2 DIN-A4-Seiten. Im Gegenzug waren sie bereit, dafür Geld zu bezahlen.

Anfänglich war mir das gar nicht bewusst, aber später leuchtete es mir ein. Der Aufbau von Wissen ist das wichtigste Investment auf der Welt. Das Investment in sich selbst. Dafür sind die Menschen bereit, eine Gegenleistung in Form von Geld zu leisten. Vor allem wenn man bedenkt, dass man durch das Wissen aus einem privaten Coaching noch schneller vorankommt und sich dieses Wissen bereits ab der ersten Immobilie rechnet.

Also hatte ich beschlossen, ein Coaching für Immobilieninvestoren beziehungsweise angehende Immobilieninvestoren anzubieten. In diesem Coaching können alle individuellen Fragen oder eine Zusammenfassung zu Immobilieninvestments besprochen werden. Ein Interessent hat sogar eine komplette Begleitung, Kalkulation und Kommentierung für seinen ersten Immobiliendeal gewünscht.

Wenn du ebenfalls ein Coaching möchtest, kannst du mich jederzeit gern per E-Mail oder Facebook anschreiben. Alternativ kannst du weitere Infos zu meinem Coaching auf folgender Seite finden:

https://vermietertagebuch.com/coaching/

Anbei das Fazit von drei Teilnehmern meiner Beratung.

Max Pflaum: *Auf Alexander bin ich über seinen offenen und authentischen Immobilienblog aufmerksam geworden. Sehr fundiert und an eigenen Beispielen belegt* *beschreibt er hier seinen Weg zum Immobilieninvestor und seine Strategie, finanziell frei zu werden. Ähnlich wie Alexander komme auch ich aus Deutschland, investiere dort seit knapp 10 Jahren in Immobilien und bin seit einigen Jahren aus privaten und beruflichen Gründen in der Schweiz ansässig. Viele meiner Probleme und Herausforderungen decken sich daher mit den Erfahrungen von ihm. In einem persönlichen Beratungsgespräch habe ich mich daher mit ihm über immobilienrelevante Steuerfragen, über verschiedene Investitionsansätze und immobilienspezifische Fragestellungen ausgetauscht. Im Gespräch hat er mir einige, für mich neue, sehr interessante Ansätze zur Immobilieninvestition aufgezeigt und konnte mich mit praktischen Tipps aus dem Investorenalltag unterstützen. Für mich war die Beratung sehr wertvoll und gewinnbringend. Eine Beratung von Alexander kann ich sowohl dem erfahreneren Investor empfehlen, um ggf. eine neue Perspektive auf verschiedene Bereiche zu erhalten, als auch jedem Immobilienanfänger, um grundlegende praktische Fragen zu einer ersten Immobilieninvestition zu klären. 100% Weiterempfehlung! Top!*

Anja S: *Ich habe das Gespräch mit Alex als äußerst gewinnbringend erlebt! Endlich mal jemand, der hands-on und unkompliziert aufzeigt, wie es funktioniert!*

Er gibt nicht nur anschauliche Erklärungen zu seiner Strategie, sondern auch einen Ausblick auf individuelle Alternativen und hinterfragt Vorschläge smart.

Durch seine Offenheit und Transparenz kann man sehr viel mitnehmen und bekommt einen klaren eigenen Roten Faden!

Anja S.

Ljubicic Stijepan: *Aufmerksam auf Alexander Raue bin ich durch seine spannenden und konstruktiven Beiträge in den* Immobilien-Facebook-Gruppen *geworden. Sofort habe ich festgestellt, dass wir beide sehr viel gemeinsam haben und sich einige* Parallelen *in unseren* Zielen sowie *Interessen befinden. Daraufhin habe ich sein Blog vermietertagebuch.com besucht und sämtliche Beiträge durchstöbert. Der Beitrag zum Thema* Fremdwährungskredit hat *mir genaue* Lösungsansätze zu *meinem aktuellen Problem geliefert. Zwei Wochen hatten wir ein sehr interessantes Gespräch zusammen. Es wurden Themen wie „Lösungsansätze für den Start ins Immobilienleben“, „konkrete Tipps zur automatisierten Immobiliensuche“ und „Fremdwährungskredite“, „Rendite“ und „Abwicklung von Finanzierungen“ besprochen. Das Treffen mit ihm war sehr angenehm und hat mich auf jeden Fall sehr bereichert.*

Dieses Buch sollte dir meine grundsätzliche Strategie in Immobilieninvestments und meine sechs Turbos für den schnellen Vermögensaufbau näherbringen.

All diese Sachen haben mir in den vergangenen Jahren geholfen, mein Immobilienportfolio aufzubauen und sie werden mir auch in der Zukunft gute Dienste leisten.

Ich möchte betonen, dass all die genannten Sachen zusammengehören und deshalb so effektiv sind.

Sicherlich kann man sich auch einzelne Sachen rauspicken und diese anwenden, dann macht man aber wieder Kompromisse zwischen der Rendite und der Geschwindigkeit.

Beispielsweise ist es immer sinnvoll, hohe Beleihungsausläufe und hohe Finanzierungen zu wählen. Es macht aber keinen Sinn, wenn du auf die Möglichkeiten der Nachbeleihung spekulierst, aber vorher nur zu 80 % finanziert hast. Dann hättest du auch gleich hoch beleihen können.

Als zweites Beispiel kann es sehr sinnvoll sein, eine hohe Tilgung zu Lasten des Cashflows zu nehmen, wenn du die

Immobilien als Altersvorsorge nehmen möchtest. Es macht dagegen keinen Sinn, wenn du eine hohe Annuität nimmst und die Zinsen auf 20 Jahre festschreiben lässt, aber nach 5 Jahren deinen Job kündigen und vom Cashflow der Immobilien leben willst.

Wie alles im Leben, solltest du dir am Anfang klar über deine Ziele werden. Danach kannst du dir bei jeder anstehenden Entscheidung fragen: „Hilft mir Option A oder Option B besser, um mein Ziel zu erreichen?“. Denn nur wenn du deine Entscheidungen zielgerichtet triffst, dann wirst du deinem Ziel mit schnellen Schritten näher kommen.

Wenn du beispielsweise ohne Ziel in ein Reisebüro gehst, dann musst du dich nicht wundern, wenn du danach ein Ticket für Costa Rica in der Regenzeit bekommst. Dann entscheiden andere für dich und du bekommst nur selten das, was du willst.

Genauso ist es bei Immobilien und diesem Buch. Da du dich offensichtlich für den schnellen Vermögensaufbau mit Immobilien interessierst, hast du mit dem Lesen dieses Buches einen großen Schritt nach vorn gemacht.

Nun geht es darum, ins Handeln zu kommen. Such dir deine Deals und deine Partner fürs Netzwerk. Setze dir Ziele und richte deine Strategie daran aus. Starte klein, meistere den Prozess und werde dann immer größer. Habe keine Angst vor Fehlern, daraus kannst du immer eine Menge lernen.

In diesem Sinne wünsche ich dir viel Erfolg mit deinen Investments und eventuell sieht man sich auf einem Immobilienstammtisch, einem Kongress, einem Seminar, im Coaching oder in der Karibik, wenn wir die Früchte unserer harten Arbeit geniessen.

Impressum

2. Auflage

Kontakt: Alexander Raue, Hammerweg 2, 8304 Wallisellen Schweiz

22518604R00093

Printed in Great Britain
by Amazon